GASPARETTO
responde!

Prosperidade, sexualidade, vida após a morte...
Mais de 250 respostas para você resolver
seus conflitos interiores!

Luiz Gasparetto e Lúcio Morigi

Luiz Gasparetto

Com mais de cinquenta anos de experiência nas áreas de comportamento, filosofia, metafísica e mediunidade, Luiz Antonio Gasparetto é um dos espiritualistas mais consagrados do país.

Seus livros já somam mais de um milhão e meio de exemplares vendidos e seu público fiel o acompanha em todas as suas atividades, seja como escritor, terapeuta, apresentador ou artista mediúnico.

Fundou e dirige o Espaço da Espiritualidade Independente, em São Paulo, onde ministra cursos e palestras voltados ao crescimento pessoal e à autopromoção do indivíduo, ensinando-o a lidar com as diferentes situações do dia a dia e ter uma vida mais equilibrada e, portanto, mais feliz.

Apesar do acelerado ritmo de trabalho, Luiz Antonio Gasparetto encontra tempo para criar diversos conteúdos multimídia. A fim de compartilhar seu trabalho com pessoas que moram em outras localidades, Gasparetto tem se dedicado a interagir com seu público ministrando cursos e aulas — muitas vezes ao vivo — por meio de sua web TV.

Para conhecer melhor o seu trabalho, acesse:
www.gasparetto.com.br

Lúcio Morigi

Lúcio Morigi, poeta e escritor, formado em Administração de Empresas pela Fundação Getúlio Vargas — FGVSP, trabalhou como inspetor de instituições financeiras no Banco Central do Brasil.

Pela Editora Vida & Consciência publicou o livro *Revelação da Luz e das Sombras*, em parceria com Luiz Antonio Gasparetto, com quem trabalha há mais de vinte anos, e o romance *O cientista de hoje*. Trabalhou durante doze anos em atendimento individual como conselheiro no Metacenter, em São Paulo.

Lúcio também ministra palestras sobre temas ligados à Nova Era, movimento que tem seus fundamentos na metafísica moderna e na espiritualidade.

Sumário

Espiritualidade 8

Prosperidade 44

Relacionamento Afetivossexual 66

Relacionamento Familiar 82

Relacionamento Profissional 100

Relacionamento Social 104

Atitudes comportamentais 110
Ajuda; perdão; amor; paixão; egoísmo; culpa; arrependimento; revolta; medos.

Sexualidade 174

Morte; vida após a morte; reencarnação 184

Mediunidade 192

Ligações energéticas; obsessão 196

Animais; ecologia 202

Diversos 208
Doença; aborto; pedofilia; estupro; ladrões; assassinos; pena de morte; suicídio; drogas; alcoolismo; previsões; cartas; tatuagem.

Astral 232

Espiritualidade

1

Como faço para acreditar no meu espírito?
Como confiar no comando do espírito?

Acreditando em você, no que você sente. Acreditar em você, no que você sente que é bom e no seu potencial é acreditar no seu espírito. Confiar é confiar. Confiança a gente tem ou não tem, e quem não tem pode adquiri--la. Nosso espírito é a ligação direta com Deus. Isso é uma verdade e cada um, mais cedo ou mais tarde, vai precisar se convencer disso trazendo essa realidade do inconsciente. A mente, como está desde sempre habituada a fazer o comando, não aceita isso de imediato. Ela vai interferir sempre que possível. Cabe a cada um reeducá-la e convencê-la de que há algo superior a ela e de que ela vive e se nutre de ilusões. Daí as dores, o sofrimento, as desilusões. É uma questão de prática diária. Essa confiança cresce aos poucos. O espírito é a verdade, e a mente é ilusão. Por isso, largue as preocupações mentais e se ligue em seu espiritual. Aceite ou não, seu espírito tem todas as respostas e todas as soluções. Por que seu coração bate sem você fazer nada? É porque seu espírito faz. Por que a comida é digerida sem sua interferência? É porque seu espírito faz. Por que o corpo se regenera de um ferimento? Porque seu espírito faz. O potencial do espírito é infinito, já que ele é nossa ligação direta com o divino.

2

Os guias espirituais nos ajudam de fato?
Leio bastante sobre essas coisas que você ensina, já assisti a palestras suas, mas as coisas estão cada vez piores. Meu filho saiu de casa, minha filha não fala comigo, minha relação com meu marido está péssima, apesar de eu fazer tudo para ele. As pessoas não valorizam o que eu faço e ainda ficam me criticando. Sinto-me abandonada. Minha vida está cada vez mais triste. Peço ajuda ao meu guia, mas parece que ele não está nem aí comigo.

Os guias só ajudam quem se ajuda. Pelo jeito você não se ajuda nem um pouco. Tem a teoria, mas na hora da prática deixa-a pra lá. A teoria sem a prática não vale absolutamente nada. Seus filhos têm direito de seguir o caminho deles. Ninguém sustenta ninguém. Você é que precisa se sustentar. Quando falo em se ajudar, é não se criticar, não se pôr pra baixo, não se abandonar, ser sua melhor amiga e não dar importância ao que os outros dizem. É se bancar. Você espera que os outros façam por você, mas não faz a sua parte. As pessoas a abandonam porque você é abandonável. Ninguém faz nada por ninguém. É a pessoa que faz por si e aí tem toda a ajuda no que for preciso. Cada um está onde se põe. Só é considerado quem se considera. Só é amado quem se ama. Só não é abandonado quem não se abandona. Só é valorizado quem se valoriza, pois a vida nos trata do jeito que nós nos tratamos e não como tratamos os outros.

3

Esforço-me tanto para melhorar, mas parece que quanto mais faço, mais as coisas andam para trás. Não é vontade do nosso espírito que a gente melhore cada vez mais?

É. O espírito sempre quer o melhor pra gente. Mas, primeiro, você não precisa melhorar. Não tenha obrigação de melhorar. Aceite a premissa de que você não precisa melhorar, pois é perfeita do jeito que é. Isso é aceitação. A melhora vem naturalmente. Quando você se aceita como é, aceita sua situação, tem a impressão de que está estagnada, mas é o contrário, está se transformando. Quando você força pra melhorar, as coisas emperram. Lembre-se de que tudo que você fizer ou não fizer será perfeito, pode não ser da forma que sua mente desejaria que fosse, mas do ponto de vista do seu espírito é. Fique sempre do seu lado, sem se criticar, sem se julgar, e a melhora vem naturalmente.

O que é a lei do retorno? Não é o mesmo que carma?

A lei do retorno nada mais é que o resultado de nossas crenças e atitudes. A gente é o que acredita. Quando a gente faz algo de bom ou de ruim, por trás está uma crença de que aquilo é importante. Assim, nosso espírito entende que pra gente também serve. Carma não é "faz paga", mas o resultado de nossas crenças.

Se mudarmos nossas crenças, o resultado muda e o carma deixa de existir. Ou seja, o poder está conosco. Por isso, somos cem por cento responsáveis, junto com o espírito, pelo que de bom ou de ruim acontece em nossa vida. Este ponto de vista sobre carma transforma a pessoa de vítima para agente, ou seja, uma visão oposta àquela comumente aceita no conceito de carma. A pessoa tratada como vítima sempre será vítima, enquanto a pessoa tratada como autorresponsável tem o poder com ela, e a transformação para melhor ocorre em sua vida, uma vez que ela está mudando a causa no subconsciente, a parte do espírito responsável pela materialização das crenças na realidade.

Você disse uma vez que o mais importante é acreditar na gente e não no guia, nem em Jesus, tampouco em anjos. Acredito mais neles do que em mim. Como é acreditar em mim se minha mente não acredita?

Acreditar em você e no seu potencial é acreditar no seu espírito, que é a ligação direta com o divino. Você quer algo mais poderoso que isso? O guia, Jesus, os anjos, estão fora de você. Eles podem até ajudar você, mas é preciso fazer a sua parte, que é acreditar em si.

6

Você disse uma vez que carma não existe. E como se explica que pessoas reencarnem com problemas de vidas passadas? Por que certas pessoas nascem com problemas físicos? Por que crianças contraem doenças, às vezes até letais?

O carma, no sentido de estar resgatando algo, pagando por algo que cometeu, não existe. Tudo está no agora. Carma nada mais é que as consequências das crenças e atitudes da pessoa. Mudaram-se as crenças, o carma desaparece. Por isso, tudo de bom ou de ruim que acontece na vida da pessoa é de responsabilidade dela, não importa se criança ou adulto, se aconteceu nesta vida ou em outras, porque a morte e o nascimento não são levados em consideração, já que o espírito sempre existiu. A vida é um processo contínuo. Em espírito todo mundo é perfeito. Alguns nascem com sequelas devido a fatos traumatizantes, atitudes marcantes, crenças que não conseguiram trabalhar totalmente durante a vida e depois no astral. Não estão pagando nenhum carma, mas tendo as consequências de suas crenças e atitudes, de suas responsabilidades, o que é bem diferente. Se a pessoa estiver pagando, será tratada como vítima, sem poder, ao passo que, como responsável, é agente e o poder está com ela. Não há vítimas. Está tudo certo.

O espírito de cada ser humano é que escolhe as experiências por que o corpo físico precisa passar para desenvolver certas virtudes, habilidades, faculdades e evoluir. Assim, a criança é tratada como adulto, já que em outras vidas ela foi um adulto. Não há crianças inocentes, uma vez que elas têm uma eternidade de vivências para trás. Apenas o cérebro e o corpo delas ainda não se desenvolveram. As coisas não são como nossos olhos veem.

Quando eu peço para o Universo me atender em algo que eu quero que aconteça na minha vida, como ser mais próspera, por exemplo, não é o mesmo que pedir a Deus, como as religiões ensinam? Como funciona o processo?

Primeiramente, não se deve pedir. Quem pede a Deus não acredita na sabedoria Dele. Seria um Deus muito pequeno, pois, sendo onisciente, certamente saberia do que você precisa. Depois, quem pede a Deus está separado Dele. Em vez de pedir, afirme com convicção, sentindo no corpo, por exemplo: "Eu sou próspera". Dessa forma, você está convencendo seu subconsciente de que aquilo é importante pra você. No subconsciente estão registradas nossas crenças e são essas crenças que fazem nossa realidade. O exterior é o reflexo do interior. Sempre, após um milagre, Jesus dizia "Tua fé te salvou", ou seja, tua crença te salvou.

O subconsciente é a parte do nosso espírito responsável pela materialização, e o espírito é nossa ligação direta com Deus, ou universo, ou vida, ou seja lá que nome você lhe dê, é tudo a mesma coisa. Por isso somos divinos. Mais uma vez, "Vós sois deuses", disse Jesus. Quando você faz uma afirmação, ou lê, ou faz cursos, você não está dizendo para algo fora de você, mas está convencendo seu subconsciente de que você está mudando o ponto de vista há tanto tempo arraigado. Portanto, o universo, a Vida, Deus, seu espírito, que são tudo a mesma coisa, agem de acordo com suas crenças, e às vezes é preciso repetir, visualizar e agir várias vezes até o novo ponto de vista tomar assento, porque a mente teima em permanecer com o conhecido, com o antigo, com o que ela aprendeu, porque assim ela está habituada a proceder desde sempre.

Tenho certeza de que foi uma vizinha que fez macumba para separar meus pais. Ela dava em cima do meu pai, mas ele nunca deu bola para ela. Como fazer para a macumba não pegar?

Os casais não se separam devido a esse ou aquele trabalho feito. Separam-se porque os espíritos de ambos assim desejam. Se for para o casal ficar junto, os trabalhos podem até atrapalhar, inclusive separar, mas os cônjuges acabam voltando a ficar juntos.

Para poder ficar imune de energias ruins, é preciso não dar importância para essa bobagem. Só pega quem acredita, não tem posse de si e dá muita importância para a opinião dos outros, porque a força, o poder que cada um tem dentro de si é infinitamente maior que qualquer trabalho de magia. Procure aprender a tomar posse de si e acreditar mais no seu espírito.

9

Tenho algumas dúvidas sobre o livre-arbítrio. Com que idade a gente começa a escolher? Tem muita coisa que eu não escolhi, como, por exemplo, minha sexualidade. Eu não escolhi passar por uma doença. Eu queria ter filhos, eu não escolhi não ter filhos. Tem muita coisa que escolho e não acontece.

O arbítrio não é tão livre assim. Certas coisas nosso eu consciente escolhe, outras não. As coisas simples, como roupas, viagens, o que comer, o eu consciente escolhe livremente. Mas certas situações de que ainda não temos domínio, em que há muito que aprender naquela área, quem escolhe é o espírito, para desenvolver em nós alguma virtude, alguma faculdade, alguma habilidade para expandirmos nossa consciência. Por exemplo, ninguém escolhe a sexualidade, como você disse. Ninguém escolhe se vai se casar ou não, ter ou não filhos, o vizinho que vai ter, ninguém escolhe passar por uma doença.

Agora, nosso eu consciente escolhe se quer ser positivo ou não, para melhorar a vida. Tudo que acontece de bom ou de ruim em nossa vida é de inteira responsabilidade da gente. Como, se algumas coisas eu não escolho? O eu consciente não escolhe, mas o espírito escolhe. Quando digo que é de inteira responsabilidade da gente, quero dizer eu consciente e espírito juntos. Pois somos uma coisa só.

Você diz que tudo está certo. Está certo uma pessoa matar a outra?

Não há bem e não há mal, tudo é funcional. Tudo, absolutamente tudo que existe foi Deus que inventou. Não existe esse negócio de que Deus inventou o bem e o diabo criou o mal, mesmo porque o diabo é uma invenção, uma fantasia. Se o mal não tivesse sua utilidade, Deus não o teria inventado. A vida age através da funcionalidade. Os espíritos dos envolvidos optaram passar por aquelas experiências. Tudo está certo. O assassino, por sua vez, vai precisar resolver isso com o espírito dele, que saberá lidar de forma justa com a situação, dependendo das crenças dele. Cada um está onde precisa estar. A morte é uma ilusão. Somos todos eternos. Em outra encarnação, quem tirou a vida poderá ser pai ou mãe e devolver a vida, ou as vidas, que tirou daquela pessoa, e tudo se resolve. A Vida sempre ganha.

Você não pode julgar os fatos pelo momento, mas como um processo contínuo. Quando alguém mata ou morre é só o desfecho de algo que começou muito antes, até em outras vidas. Se não era para aquilo acontecer, por que Deus permitiu? Então, Ele também é conivente? Aliás, Deus, através da natureza, faz coisas terríveis perante nossos olhos, como, por exemplo, soterrar crianças num terremoto ou queimá-las nas lavas de um vulcão, e nem por isso as pessoas ficam indignadas. Ficam chocadas, mas não indignadas, porque foi a natureza que fez aquilo. Ora, pra Deus o homem também pertence à natureza e, na sua ignorância, porque não aprendeu ainda, pratica esses atos caóticos. Quem já tem cem por cento de consciência de que praticar atos desse tipo não é inteligente, e fatalmente vai resultar em muito sofrimento pra si, não os pratica.

Lúcifer existe? Quem é Lúcifer pra você?

Claro que existe! Lúcifer é um anjo muito sábio, poderoso e muito bondoso. Ele trabalha com as trevas pra gente sair das trevas. É um grande amigo. A figura dele foi desvirtuada e tida como diabólica, e as pessoas acreditam como se fosse algo do mal, o demônio. O diabo, como pintam, como um concorrente de Deus, não existe. É pura invenção das religiões para exercerem domínio sobre as pessoas.

Os demônios estão dentro de cada um, como as culpas, os remorsos, a inveja, o ciúme, a mágoa etc., e cabe a cada um confrontá-los para se livrar deles, para seu crescimento espiritual e expansão da consciência. Lúcifer é a outra face de Deus. Ele lida com as trevas para que enxerguemos a luz. Treva é ignorância, e para sair da ignorância, só com o sofrimento. O sofrimento, a dor é o estímulo pra pessoa sair da ignorância. Acabou a ignorância, acabou a dor. Onde há lucidez não há dor. Esse é o trabalho de Lúcifer: estimular a pessoa a sair da ignorância através da dor.

O que é Deus pra você?

O Deus descrito no Antigo Testamento, antropomorfo, isto é, em forma humana, é uma fantasia, um Deus inventado por um povo. A mesma Bíblia diz que Deus fez o homem à Sua imagem e semelhança, o que está perfeito, mas o homem, na sua ignorância, inverteu a ordem e fez Deus à imagem e semelhança dele. Então, esse Deus é tido como a figura do pai, mas não de um pai bondoso e generoso. Ao contrário, esse Deus mais parece um pai sem virtudes, rigoroso, autoritário, injusto, cruel, opressor, sem compaixão e longe de ser sábio, onisciente, onipotente, onipresente e infinitamente justo e bom. É um Deus muito pequeno e limitado, que matava um povo para salvar outro.

Vou responder sua pergunta, a respeito da ideia que faço de Deus, transcrevendo um trecho que está no livro *Revelação da Luz e das Sombras*, de minha autoria em parceria com Lúcio Morigi: "Hoje, quando penso em Deus, não surge a figura de um homem lá no céu, nem do vento me vigiando aqui na Terra. A pequenez de nosso aparelho mental está longe de definir Deus em sua totalidade, mas a ideia que tenho Dele hoje é infinitamente mais ampla da que tinha antigamente. A definição que mais se aproxima para mim é que o Espírito Uno é como uma Onda Inteligente que permeia tudo em todas as dimensões. É a Fonte de Vida, O que faz existir. É uma Onda Cósmica Energética multidimensional que dá sentido a tudo, que está vibrando em tudo, inclusive em nossos pensamentos, em nossos atos, nas atitudes dos animais, dos vegetais, das pedras, da água, do fogo, do ar. É algo totalmente estruturado, um Comando Geral que não está observando, mas existindo, sentindo, vivendo. Hoje sinto verdadeiramente que sou a concretização, a individuação dessa Onda Infinita. Trata-se de algo mais abstrato, mas ao mesmo tempo mais perceptível, mais palpável, mais real".

Por que a gente precisa ficar repetindo tanto determinadas situações em nossa vida? Parece que fico andando em círculos.

É porque você ainda não tomou consciência total daquilo e ainda precisa de novas experiências. Jamais fique contra você. Não se condene, não se critique por ainda não dominar determinadas situações. O processo é assim mesmo pra todo mundo. Ninguém anda em círculos. Sempre há um avanço espiritual em toda experiência, mesmo que não percebamos. Quando se vir repetindo situações, diga: "Ainda não aprendi. Quando aprender, faço diferente". Isso é modéstia e a modéstia faz crescer e fazer com que aquelas experiências não se repitam mais.

O assassino não precisa pagar pelo que fez?

Pagar pra quem? Pra Deus? Deus não cobra nada de ninguém. Cada um é seu próprio juiz. Se se condenar, terá que pagar, porque o espírito da pessoa entende que quem deve precisa pagar. Se não se condenar, se não se culpar, tudo bem. Para a vida não interessa o nascimento e a morte, quem matou e quem foi morto. Ela faz isso a todo instante. É tudo um processo contínuo, já que somos eternos e sempre estamos aprendendo, tanto aqui como no astral. Quem mata, por exemplo, na outra encarnação poderá ser pai ou mãe, e assim devolver a vida que tirou. Está tudo certo. Larga essa revolta pra lá. Larga esse seu juiz pra lá. Se Deus permite tudo é porque tudo tem um propósito que foge ao nosso entendimento.

15

Não consigo acreditar em mim, como vejo muitas pessoas otimistas fazerem. Sempre fui tratado como uma criança inferior às demais em casa e na escola. Sempre ouvia frases do tipo: "Você não sabe fazer isso", "Você é ainda muito pequeno para fazer isso", "Desce daí que você vai se machucar". No futebol eu sempre era o último a ser escolhido. Acho que é por isso que hoje tenho dificuldade em acreditar em mim. Como faço para adquirir autoconfiança?

A autoconfiança a gente adquire praticando. Quando se sabe que se é um espírito que tem infinitas possibilidades e soluções, que independe do corpo físico para conseguir as coisas, que tem o mesmo potencial que qualquer um, fica mais fácil. Não há outro caminho além de você. Tudo é sua mente. Procure voltar à infância e desvalidar o que reprimiu você. Diga: "Isso é bobagem! Os outros não sabiam o que era melhor pra mim. Sou um espírito infinitamente poderoso. Só eu sei o que é bom pra mim. O passado não tem poder sobre mim".

16

Se Deus sabe de tudo que a gente faz ou vai fazer, por que Ele permite que a gente faça certas coisas contrárias às leis Dele? Meu espírito também não sabe?

Primeiro, você está separando Deus do seu espírito e de você. Deus, espírito e o eu consciente são uma coisa só. Não existe esse Deus olhando o que você está fazendo ou deixando de fazer. Existe seu espírito fazendo isso ou aquilo que seu eu consciente manda ou permite fazer.

Qual a razão da existência de tantos bandidos em nosso país?

Não há vítimas, não há coitados. Cada um faz o que pode fazer de acordo com seu grau de consciência. O bandido está fazendo o que sabe fazer e é útil pra quem precisa dele. A maioria das pessoas não se valoriza, se abandona e acaba atraindo a violência para si, porque é violenta consigo. São as crenças e as atitudes das pessoas que atraem a vida que têm. Cada um é cem por cento responsável pelo que de bom ou de ruim acontece em sua vida, tanto o "bandido", como quem sofre a ação dele. No fundo, ele é um companheiro que vem mostrar o que a pessoa está fazendo contra ela. Enquanto você alimentar esse juiz aí dentro de você, vai ficar na frequência do "bandido". Cuida de você e deixe a vida dos outros pra ser cuidada por eles.

18

Você diz que não existe carma, que ninguém precisa pagar nada. Como ficam aquelas pessoas que praticam o mal?

Não existe o mal. O que para você é mal, para a vida é funcional. Cada um é, junto com seu espírito, cem por cento responsável pelo que de bom ou de ruim acontece em sua vida, e cada um está onde se põe. Se a pessoa que praticou o eventual "mal" não se culpar, nada de ruim vai lhe acontecer. Agora, se ela se culpar, o espírito dela entende que quem se culpa precisa pagar, pois ela acredita assim. Cada um é que faz suas próprias leis, e cada um é que faz seu julgamento. Não há ninguém observando o que a gente faz ou deixa de fazer, a não ser nossa mente.

19

Por que as pessoas que fazem bem aos outros sofrem tanto?

Porque ajudam os outros e se esquecem de si. Quem se sacrifica pelo outro recebe de volta sacrifício. É a lei. Ele está dizendo para seu espírito: "Sacrifício é bom pra mim", e seu espírito obedece. Não adianta ajudar um milhão de pessoas se a própria pessoa não se ajuda. Só conta o bem que a pessoa faz pra si.

Quem se abandona se estraga e estraga tudo à sua volta. Está tirando de si e a Vida responde com a mesma moeda. Se a ajuda for sem sacrifício, se for por vontade, já está se ajudando e recebendo na hora com bem--estar, paz e satisfação. Deus não faz nada a prazo. Já paga na hora. Não há ninguém contabilizando o que fazemos de bom ou de ruim para depois, não sei quando, talvez após a morte, receber a devida recompensa ou o devido castigo. Isso é pura fantasia da cabeça das pessoas. Quer fazer o bem para os outros? Faça para si que assim você faz o bem para quem está à sua volta apenas com sua energia boa. Quando falo para fazer para si e não para os outros, é no sentido de não se sacrificar, não assumir os outros que têm suas próprias armas. Só se faz bem para os outros quando for por alegria, por prazer, por vontade, ou seja, já está fazendo o bem pra si. Por obrigação nem se ajuda nem ajuda os outros, pois não há vítimas. Cada um é cem por cento responsável, junto com seu espírito, por tudo de bom ou de ruim que ocorre consigo. Se todos fizessem o bem pra si, ninguém precisaria ajudar ninguém.

Minha vida é cheia de altos e baixos, tanto nas áreas financeira e afetiva, como no meu humor. Tenho bipolaridade e isso me atrapalha muito. Acabo perdendo a autoconfiança.

Toda vez que começo algo já vem a dúvida: será que vai dar certo? Meu pai também era assim. Acho que esse meu passado me condena. Como você explica isso do ponto de vista espiritual?

Você está muito no mental. Você acredita e segue muito sua cabeça, que é cheia de ilusões. Se está triste ou se está eufórico, tudo é da cabeça. O espírito tem paz o tempo todo. Não é oito nem oitenta. É equilíbrio. Não fique culpando seu passado por sua situação atual. Quando você culpa o passado, mais energia negativa se acumula. Seu passado foi como precisava ter sido. Era o que você sabia e o que os outros sabiam na época. Abençoe seu passado e todos os envolvidos. Diga: "Ah! Tudo aquilo foi bobagem". Desvalide seu passado. Toda solução está no presente. Outra coisa: quem tem posse de si está no espírito e quem confia no espírito não tem esses altos e baixos que são coisas da cabeça.

Você não acha que o mundo está como está porque as pessoas são egoístas e está faltando caridade das pessoas?

Primeiro, o mundo está onde precisa estar. Está tudo certo. Segundo, o mundo está como está porque as pessoas não estão bem consigo mesmas, e não porque não fazem caridade.

Se cada um gostasse mais de si, estivesse bem consigo, não haveria uma única guerra, um único crime. As pessoas se abandonam e querem arrumar a casa dos outros fazendo caridade, muitas vezes por culpa, pra fazer bonito à sociedade ou pra ganhar alguma recompensa divina. Isso sim é egoísmo. Ajudar a si e não aos outros não é egoísmo, é altruísmo, porque a pessoa fica bem e, quando está bem, ajuda todo mundo por tabela. Quando a pessoa se abandona para ajudar os outros, atrapalha sua vida e a dos outros. Quer fazer caridade? Ajude, ame e goste de si primeiro. Se quiser fazer caridade para os outros, faça porque tem vontade, mas faça com alegria, sem esperar nenhum retorno, seja de que espécie for.

Tenho muita pena de meu primo que é usuário de drogas. Procuro ajudá-lo, inclusive até o trouxe para minha casa uma vez, mas não adiantou. **Depois que o mandei embora, sinto-me culpada, achando que não tive compaixão nem caridade para com ele, pois está precisando muito da ajuda dos familiares. O que você nos aconselharia a fazer nesse caso?**

Ajudar não é assumir. Ele está passando o processo pelo qual precisa passar, a mando do espírito dele. Todo drogado é um poço de orgulho e se detesta, por isso precisa da droga para relaxar.

Essa pena que você tem dele só atrapalha você e ele. Pare de ser pretensiosa querendo corrigir Deus. Deus sabe da experiência do seu primo, e por que não faz nada? Veja a experiência dele como um bem e não como um mal. Na hora que ele quiser, ele dá um basta nisso. Não adianta querer ajudá-lo se ele não se ajuda. Pare com essa dramaticidade toda que atrapalha todo mundo. Ajudar por pena é atrapalhar. Isso não é caridade nem compaixão. Caridade e compaixão é entender que, se ele está passando por essa experiência, é porque precisa dela para desenvolver alguma virtude, alguma faculdade, alguma habilidade. Não há vítimas, mas pessoas irresponsáveis consigo mesmas. Você já procurou ajudá-lo e adiantou alguma coisa? Pare de tratar os outros como vítimas e de ser pretensiosa querendo corrigir Deus. Se o espírito do primo permite que ele passe por essa experiência é porque precisa e tem algum propósito. Quando não precisar mais, naturalmente ele deixará as drogas pra lá. A vida só ajuda quem se ajuda.

Não consigo ficar conectado com minha alma o tempo todo, ou ficar elevado, como você diz. Você acha que isso é possível? Como funciona a mente?

Ninguém consegue ficar conectado, elevado ou desligado o tempo todo e nem é preciso.

Viva normalmente e procure se elevar quando sentir no corpo algum incômodo, como preocupação, raiva, irritação, arrependimento, pena, ansiedade etc. Não brigue com seus pensamentos ou com sua mente, senão você vai perder. Relaxe. Mantenha-se positivo quando perceber que você está na negatividade. Não precisa se lembrar o tempo todo. Não sei como a mente funciona e não é preciso saber. Só sei que ela precisa obedecer ao seu comando, senão ela pende para o lado das ilusões e fantasias, construindo uma realidade problemática.

Você disse que é para a gente ser feliz com o que a gente tem. Então, a riqueza e o consumismo são prejudiciais do ponto de vista espiritual?

Esse consumismo desenfreado, essa compulsão por consumir é uma doença. É um pretexto, uma fuga para não se encarar. As pessoas não curtem o que têm e querem, querem, querem o tempo todo. É claro que a riqueza é maravilhosa, mas ser rico e não saber gastar é a pior das pobrezas, que é a pobreza interior. Quando eu digo pra ser feliz com o que tem, não quer dizer se conformar com a pobreza, com o pouco e parar de consumir; quer dizer que quem é feliz com o que tem sempre tem mais, pois a felicidade independe das coisas de fora, das posses. A felicidade já está dentro de cada um, porque é uma condição do espírito.

Não é esperar para ser feliz quando a coisa vem. É ser feliz com o que tem, que as coisas vêm. O exterior é o reflexo do interior.

Estou planejando morar no exterior. Leio, estudo, faço cursos, mas aqui não sinto prazer em viver. Os pensamentos sempre prevalecem. Quem sabe morando em outro país vou sentir mais as coisas. Vejo que as pessoas sentem isso, sentem aquilo, mas comigo não acontece nada. Quando você fala em alma, em espírito, para mim isso é muito abstrato. Não sinto que os tenho. É possível a gente aprender a sentir?

Não adianta mudar de país se você não mudar suas crenças e atitudes consigo. E também não adianta você ler e não pôr em prática. Só a teoria não vale nada. Você não se permite sentir. Sua cabeça não deixa você sentir. O sentir pra você é perigoso. No sentir, a sensação está no corpo, enquanto os pensamentos estão na cabeça. Faça exercícios de relaxamento e meditação. Quando a cabeça, a mente relaxa, percebe-se o que o corpo está sentindo. Procure andar pela natureza e observar cada detalhe, cada árvore, cada flor, e verifique qual a sensação no corpo, principalmente na região do peito. Vá para o mar e sinta a água no corpo, as ondas, o sol, o ar etc. As alternativas são inúmeras.

Quanto mais você se fixar no sentir, mais os pensamentos vão cedendo e sendo controlados. Quando você sente, é seu espírito, sua alma sentindo através de você, e você terá mais gosto pela vida. Quando você está em contato com seu corpo, você está em contato com seu espírito e sua alma, isto é, quanto mais você perceber as sensações do corpo, mais você perceberá seu espírito e sua alma.

Às vezes penso que as pessoas que não conseguem ser prósperas, assim como eu, devem isso a alguma escolha, alguma espécie de contrato que fizeram no astral antes de reencarnarem. Então, não adianta nada exercitar, fazer mentalizações, cursos de prosperidade, porque nunca serão prósperas. Como se explica que pessoas que nunca entraram em contato com essas teorias, às vezes são até analfabetas, sejam podres de ricas?

A vida é um processo contínuo. Do ponto de vista da espiritualidade, não importa se você está na matéria ou no astral, e não importa se a crença está arraigada há milhares de anos. Todo o poder está no presente. Toda hora é hora de mudar. Alguns se tornam ricos porque já desenvolveram certas habilidades em outras vidas.

27
Como faço para controlar os pensamentos mórbidos, ruins? O que faço com eles?

Pensamentos mórbidos, doentios, são provenientes do astral inferior, também chamado de umbral, e causados pela fraqueza da mente que acredita muito em ilusões e fantasias. O que fazer com eles? Use seu poder. É isso que todo mundo está fazendo aqui na matéria: aprendendo a utilizar o poder para controlar o pensamento e as emoções. Esses pensamentos precisam ser rechaçados no início. Assim que surgir um, diga: "Isso é bobagem! Não ligo! Não sou minha mente! Eu mando na minha mente!", e se ligue numa coisa que alegre você. É um exercício contínuo; com o tempo, você vai perceber que eles não lhe atormentam mais e terá dado um grande passo para se sentir realmente poderoso.

28
Qual a diferença entre corpo astral e espírito?

Corpo astral é uma cópia exata do corpo físico que vai para o astral depois da morte. Espírito é a essência, nossa ligação direta com o divino. Sempre existiu e sempre existirá. Os corpos físico e astral, um dia, com a evolução espiritual, não serão mais necessários.

29

Você diz que somos cem por cento responsáveis por tudo de bom ou de ruim que ocorre em nossa vida. O mesmo ocorre com as crianças?

Do ponto de vista da vida e da espiritualidade, a idade não conta. A criança só é criança no físico, mas em espírito é tão adulta quanto os pais. Lembre-se de que ela já foi adulta em outras vidas. O nascimento e a morte não contam. Cada um é um processo contínuo, não importa se está aqui ou no astral. Quando digo que somos cem por cento responsáveis pelo que de bom ou de ruim acontece conosco, a responsabilidade não recai só sobre o eu consciente, mas sobre o espírito também, considerando todas as experiências vividas em todas as vidas.

Todo mundo tem um guia espiritual ou anjo da guarda? Qual a diferença entre guia e anjo da guarda? O guia pode mudar?

Cada um tem pelo menos um guia. É o mesmo que anjo da guarda, e anjo da guarda é uma pessoa que morreu e que tem conhecimento espiritual superior ao encarnado. Conforme o conhecimento espiritual do encarnado avança, o guia ou mentor pode mudar. Esses anjos da guarda são diferentes dos anjos e arcanjos, como Gabriel, Rafael, Miguel, que nunca encarnaram.

31

Você acredita no diabo, no demônio? Se ele não existe, porque os padres fazem exorcismo?

O diabo ou demônio, como nos ensinaram, como um concorrente de Deus a nos atormentar, não existe. É pura fantasia. É uma invenção para dominar as pessoas pelo medo. Os encostos, ou possessos, ou obsessores, objetos do exorcismo, na verdade são espíritos desencarnados que ainda estão na ignorância e que são atraídos pelas pessoas devido a seus pontos fracos, como a falta de posse de si, por exemplo. Os verdadeiros demônios estão dentro da gente, como ódio, ciúme, inveja, submissão, dependência, pobreza, medos etc., e cada um precisa enfrentá-los e superá-los.

Sinto-me muito desanimado e negativo. A vida parece que não tem sentido. Como faço para voltar a ter prazer de viver? Como faço para ter gosto pela vida e mudar?

Desânimo significa sem alma. Com quem ou com que fato está sua alma? Alguém ou alguma situação no passado o frustrou muito e sua alma está presa lá. É preciso resgatá-la. Libere esse passado, essa pessoa. Entenda que aquilo era para ser daquele jeito com o conhecimento que você tinha na época.

Torne-se responsável pela situação, parando de reclamar e de responsabilizar os outros. Largue esse orgulho ferido pra lá, pois o único prejudicado é você. Quando você se abandona, sua alma, que é a responsável pelo ânimo, pelo prazer de viver, pelos bons sentimentos, vai pra quem você responsabiliza. Abençoe todos os envolvidos e bola pra frente. Comece a entrar na vibração da sua alma, do seu espírito, que são desligados da cabeça, pois tudo isso é só coisa da cabeça, que entra em sintonia com baixas frequências, as frequências do astral inferior. Muda-se praticando. Sempre que vier um pensamento negativo, diga: "Ah! Isso é bobagem! Isso não sou eu. Eu com meu espírito somos ótimos". Com o tempo, sua alma vai voltando pra você, que vai se perceber mais animado e positivo.

Você diz que é espiritual ter bens materiais, que o espírito é próspero, e ao mesmo tempo diz que o apego faz muito mal. Não entendi.

Apego não é ter bens materiais, e desapego não é dispor deles. Estamos na matéria exatamente para termos e nos relacionarmos com bens materiais, posses. Não só com bens materiais, mas com pessoas, trabalho, viagens etc. Sim, é espiritual ter bens materiais. O espírito se realiza na matéria. O dinheiro facilita tudo. Portanto, ter muito dinheiro é uma bênção.

Porém, nada que está fora da gente garante a paz e a felicidade. Tanto é, que tudo isso pode faltar ou se perder a qualquer momento. Se isso acontecer, o que foi perdido não deverá levar pedaços da alma junto, porque vem a tristeza, o desânimo, a depressão, as doenças. Isso é desapego. É não se apegar à ideia de que essas coisas são a razão da sua vida. A razão de viver deve estar em si, no interior, no espírito que é próspero e sempre provê tudo. Tendo esse ponto de vista sobre o desapego, a pessoa que perder algo não se preocupará e não se lamentará, porque ela sabe que a fonte está dentro dela e rapidamente terá aquilo de volta, ou o correspondente e talvez até melhor.

Os bens materiais, as posses não vêm completar nem sustentar ninguém, mas somar, porque cada um já é completo independentemente de ter isso ou aquilo. Tem muita gente mais feliz com poucas coisas do que muitos com um milhão de coisas. Melhor ainda é ser feliz com um milhão de coisas. Essa é a vontade do espírito em cada um.

Às vezes fico me questionando: será que não está tudo determinado e a gente tem que passar por certas experiências dolorosas inevitavelmente?

Nada está determinado. O futuro não está pronto. A gente constrói o futuro no presente, de acordo com nossas crenças e atitudes. O acaso, a sorte e o azar não existem. Se a pessoa estiver muito na ignorância, é certo que ela experimentará a dor, pois é a única linguagem que ela entende para poder sair da própria dor. Se ela tivesse lucidez, obviamente não precisaria da dor. Toda espécie de dor tem origem na ignorância. Onde há lucidez não há dor. Nesse caso, a dor é fatal? Sim, porque o processo é assim e é válido para todos que estiverem na ignorância, mas o caminho, a forma, a espécie de dor não é.

Deus não é o bem? Por que Ele permite a maldade de certas pessoas?

Tudo que existe, tudo que é feito, tudo que acontece é manifestação de Deus. O ser humano não está separado de Deus. Quando o ser humano age, fazendo seja lá o que for, é Deus agindo através dele. Deus se manifesta através de Sua criatura. O bem e o mal não existem. Tudo é funcional para cada um de acordo com seu grau de consciência. Tudo tem um propósito que muitas vezes foge ao nosso entendimento. Se Deus só fizesse o bem, como você entende que seja o bem, não mataria por meio de terremotos, tsunamis, vulcões e doenças.

(36)

A gente pode involuir espiritualmente?

Não, pois quando entra a luz numa determinada área da vida da pessoa, ela não consegue mais fazer diferente, porque essa é uma vontade do espírito em cada um. Tudo acompanha o trajeto do universo: em expansão. Do menos para o mais, do pior para o melhor, do caótico para o organizado. Uma vez adquirida a consciência de algo, é daí pra frente. Não há como retroceder. A consciência de cada um quer se expandir cada vez mais. É como o aluno que aprendeu que dois mais dois são quatro. Não tem como ele deixar de saber. Pode esquecer, mas desaprender, não.

A Terra não é um lugar de expiação, de provações? Então, de que vale a gente fazer exercícios e se esforçar pra ter uma vida legal?

Você pode estar num lugar denso, sem necessariamente passar por sofrimentos. Tudo depende de suas crenças e atitudes. A dor é pra quem precisa dela, pois assim acredita. Não gosto da palavra "expiação" porque está ligada a castigo, pena. Ninguém está expiando nada, pagando nada, apenas experienciando, a mando do espírito, a fim de desenvolver virtudes, habilidades e faculdades que ele quer.

Também não gosto da palavra "provação", porque ninguém tem que provar nada, a não ser que assim acredite. A Terra, nesse novo milênio, está transitando de um planeta denso, onde há muita ignorância, e consequentemente muitas dores, para um planeta de regeneração, da espiritualidade verdadeira, do descobrimento do poder interior de cada um, em que as dores vão diminuir. Entre nessa frequência.

Você já ouviu falar no expurgo de espíritos do planeta? Como é isso?

As pessoas que não acompanham a evolução do planeta, espiritual, tecnológica, ecologicamente etc., depois que morrem, para o bem delas, e não como se fosse um castigo, estão sendo levadas para outro planeta mais atrasado, por exemplo, onde nem a energia elétrica foi descoberta ainda, onde tudo ocorre muito lentamente, como era aqui na Terra.

Como você explica a fatalidade, um desastre, por exemplo?

Só uma coisa é fatal: o plano divino que cada um tem dentro de si, que é perfeito e cheio de realizações.

As coisas que acontecem vêm de um processo que se deve às crenças e atitudes que cada um tem, e que culmina naquilo. As pessoas veem os acontecimentos só no momento em que ocorrem. Não sabem que aquilo é o desfecho de um processo que está se desenvolvendo desde muito antes. Ao mesmo tempo em que é um desfecho, é o começo de um novo processo. Os espíritos de cada envolvido optam por passar por aquelas experiências para desenvolver alguma virtude, habilidade ou faculdade, embora doloroso. É que as pessoas ainda não aprenderam a evoluir sem a dor. Está tudo certo. Tudo ocorre exatamente como precisa ocorrer segundo as crenças e atitudes de cada um. Não é fatal porque, se as pessoas tivessem outras crenças e atitudes, aquilo seria diferente.

Vejo tantas pessoas que dizem ter fé e não tenho fé nenhuma. Não acredito em nada. Gostaria de ser como essas pessoas. Como faço para ter fé?

Todos nós temos cem por cento de fé. Só que a maioria tem a fé voltada para o negativo. Por isso que as coisas ruins são mais fáceis de se tornarem reais. Se você tiver cem por cento de fé no positivo, tudo na sua vida será positivo. Onde você anda colocando sua fé?

41

O que é ficar ao meu lado? Eu sinto que estou sempre do meu lado, mas mesmo assim sinto solidão.

Ficar do seu lado é apoiar-se sempre. É não dar importância para a opinião dos outros. É não se criticar, não se julgar, não se culpar, não se condenar, não se comparar. Aquilo que você deseja dos outros, faça para si, como amor, carinho, atenção, aprovação, companhia, apoio, consideração etc. Assim, você não fica distante de sua alma, que é a responsável por todos os bons sentimentos e sensações. Só sofre de solidão, de tristeza, quem está longe de sua alma. A solidão não é a distância que sentimos dos outros, mas que sentimos da gente. Você pode estar na companhia de uma multidão e sentir solidão, mas, se estiver na sua companhia, não sentirá solidão, mesmo estando sozinha. A vida lhe trata como você se trata e não como você trata os outros. Se você está contra você, tudo vem contra. Quando você se aceitar do jeito que você é, quando você parar de se criticar, quando parar de se comparar, tenho certeza de que tudo vai melhorar. Seu padrão energético vai subir, sua autoestima vai subir, sua energia vai deixar de ser tóxica para ser nutritiva; agindo assim, vai atrair para sua vida pessoas que gostam de você, e realizações. Ninguém gosta de quem tem energia tóxica. Todo mundo adora quem tem uma energia nutritiva. É o padrão energético que atrai e repele as pessoas e as coisas boas da vida.

Essas forças invisíveis poderosas de que você fala têm a ver com o espírito, não é?

Sim. Forças invisíveis são as forças do espírito, que é a ligação direta com o divino. Você quer mais força que isso? O eu consciente acredita na mente que é cheia de ilusões e fantasias porque aprendeu errado. Daí vêm os medos, a falta de fé, as dores, toda espécie de problema. Só o espírito tem as verdades que levam para o sucesso em todas as áreas de sua vida.

Você acredita em amor incondicional?

Tudo no universo é troca, pois somos o Todo, porém individualizados. Quando a pessoa faz incondicionalmente ou desinteressadamente, como dizem, no fundo está fazendo pra se sentir melhor, o que já é uma troca, uma condição. Então, não existe nada incondicional e sem interesse em algum ganho.

44

O que é largar os problemas nas mãos de Deus?

Largar os problemas nas mãos de Deus é liberar sua mente das preocupações, pois quanto mais você se preocupa, mais os problemas aumentam. Faça a sua parte, a que estiver a seu alcance. A solução quem traz é seu espírito, que é a ligação direta com Deus, e tem todas as respostas e todas as soluções.

45
Qual o sentido da vida? Pra mim ela não tem nenhum sentido, pois ando desanimado e me sentindo vazio. Não sei o que a vida quer de mim.

A vida não quer nada de você. É você que tem que querer da vida, que é maravilhosa e plena de realizações. A vida pela vida não tem sentido. É a gente que dá um sentido a ela. Sensação de desânimo e vazio significa que você está distante de sua alma, que é a detentora de todos os sentidos. Quando você está com sua alma, fica pleno, a vida fica bela e cheia de sentidos. Volta correndo pra você.

> "Acreditar em você e no seu potencial é acreditar no seu espírito. Você quer algo mais poderoso que isso?"

PROSPERIDADE

46
Como faço para ser próspero?

Ponha-se no melhor. Vista todo dia o seu melhor. No trabalho faça o melhor e sempre busque um novo jeito de fazer ainda melhor. Seja ousado, criativo e aja de forma distinta. Faça sua mente se convencer de que com você só há o melhor. Ao ver um carro de que gosta, diga: "Este carro é muito eu". Faça o mesmo com tudo que atrai e fascina você. Faça isso com tão viva expressão, que sua mente, seu subconsciente se impressionarão e o que quer irá se materializar.

47

Quanto mais eu faço, quanto mais eu quero, menos consigo realizar. Aliás, às vezes acontece até o contrário: piora. Por exemplo, quero trabalhar em outra cidade porque meu marido trabalha lá e só vem pra casa nos fins de semana. Toda vez que surge uma oportunidade de um bom trabalho lá, na última hora acabam não me chamando. O que eu preciso fazer pra conseguir as coisas que quero?

Larga. Relaxa. Quanto mais você força pra conseguir algo, mais esse algo se distancia. Quanto maior o grau de ansiedade, mais o que você quer se distancia.

Você está brigando consigo mesma. Quem briga atrai mais briga. Coloque tudo nas mãos do seu espírito, aceite a realidade, pare de reclamar, pare de forçar, pare de se lamentar. Diga sempre: "O que é meu é meu por direito divino. Eu mereço tudo de bom e do melhor". Visualize sua situação resolvida na cidade que você quer, mas sem forçar a barra.

Não gosto de mudanças. Sempre que no trabalho comentam sobre mudanças fico apreensiva. Gosto de ficar no meu lugar sem ser importunada. Quero uma coisa melhor pra mim, mas que seja por minha escolha. Gostaria de receber um conselho.

Quando a gente quer mudanças na vida é preciso aceitar o novo. Você não fica querendo o tempo todo que aconteça isso ou aquilo? Pois é. A vida está lhe obedecendo. Quem não aceita o novo não sai do lugar, pois a vida é um constante renovar.

Como ocorre o processo de materialização quando faço afirmações positivas?

Quando você faz uma afirmação, ou lê, ou faz cursos, você está convencendo a sua mente.

Consequentemente, seu subconsciente — que nada mais é que a parte sombra do seu espírito responsável pela materialização — entende que você está mudando o ponto de vista há tanto tempo arraigado. Seu espírito age conforme suas crenças, e às vezes é preciso repetir, visualizar e agir várias vezes até o novo ponto de vista tomar assento, porque a mente teima em permanecer com o conhecido, com o antigo, com o aprendido.

Você disse que nossa prosperidade depende de nossas crenças e atitudes. Disse também que os conflitos internos emperram a prosperidade. O que é mais importante? Você poderia dar um exemplo de conflito interno?

Os dois têm a mesma importância. Depende de suas crenças e atitudes e depende se não há conflitos internos impedindo a realização. Conflito interno é aquele contrário ao que a pessoa está desejando manifestar na sua realidade. Por exemplo: imagine alguém que cultua a crença de que o dinheiro não traz a felicidade, de que o dinheiro é responsável por muitas desgraças, de que o dinheiro é sujo, e ao mesmo tempo mentaliza riqueza em sua vida. Então, sua afirmação chega ao subconsciente, a parte do espírito responsável pelas realizações, e vai encontrar uma crença negativa.

47

Assim ambas se anulam e não têm efeito na realidade. O dinheiro não é nada disso. O dinheiro é neutro. O que é bom ou ruim é a relação que as pessoas têm com ele, como com qualquer outro bem, com o filho, com o namorado, com a comida, com uma faca, que, dependendo do uso, pode cortar legumes ou ferir alguém.

O que você acha dos nossos governantes e políticos? Dessa corrupção que anda solta por aí? Às vezes tenho vontade de procurar outra profissão. Sou professor formado, mas no Brasil essa profissão não é valorizada. A conjuntura econômica do país, seus dirigentes, sua cultura não favorecem em nada o professor. Sinto-me cada vez mais decepcionado, embora goste muito do que faço.

Pare de ser dramático e poupe suas energias para cuidar de si. Cada um está onde se põe e cada um, junto com seu espírito, é cem por cento responsável pelas coisas boas ou ruins que atrai pra si. Enquanto você fica se lamentando e culpando a conjuntura do país por seu problema, seu poder está lá fora e vai atrair cada vez mais problemas. Há muitos professores que estão muito bem.

Cada um pode se dar muito bem, independentemente da situação do país. Está tudo certo. O Brasil está no estágio de evolução que precisa estar. Nós não vamos ter um parlamento como o da Suécia de uma hora para outra. Os governantes são eleitos conforme as crenças e atitudes da maioria dos eleitores. Povo corrupto elege político corrupto. Povo culto elege político culto. Povo ignorante elege político ignorante. Há políticos bons e há políticos ruins. Os ruins não têm culpa de estarem lá. Estão apenas representando aquela parcela do povo que age da mesma forma.

Tenho um tio que é muito próspero. É podre de rico, mas todo mundo diz que ele não é feliz. Está sempre doente. O que você tem a dizer a respeito?

Você está confundindo prosperidade com riqueza. Uma pessoa rica nem sempre é próspera, mas uma pessoa próspera certamente será rica. A menos que ela não ligue pra dinheiro. Pessoa próspera é aquela que em todas as áreas da vida vai bem. Na saúde, no financeiro, no profissional, nos relacionamentos, na paz. Há inúmeros casos de pessoas que não são bem-sucedidas financeiramente, mas que são felizes. Essas pessoas são mais prósperas que muitos milionários. Tenho certeza de que esse seu tio deve ter algo muito grave contra si, senão não atrairia essas doenças. Logo, ele não é próspero.

53

Quando a gente deseja somatizar algo, o que é mais importante: a afirmação ou a visualização?

Quando você faz uma afirmação com o intuito de realizar algo na sua vida, tanto a afirmação como a visualização é importante para convencer a mente, porém, o mais importante é sentir no corpo inteiro. Se for um projeto, sinta o projeto realizado. Se for dinheiro, sinta-se usufruindo tudo do bom e do melhor.

54

Qual é a essência do sucesso?

A essência do sucesso é se apoiar em si, se garantir diante de um possível pior. Se você está do seu lado positivamente diante de um possível pior, então a vida lhe faz o melhor.

55

Já ouvi você dizer que é pra gente largar. Se eu desisto de lutar por algo, como vou consegui-la?

Entenda que largar não tem nada a ver com desistência. Quando você para de lutar por algo, quando você fica de cuca fresca, não se importando por que o resultado não está aparecendo, então, se for pra você, a coisa acontece.

Se não for é porque seu espírito não quer que seja. Então, desencuque, largue, relaxe para que o espírito aja. Curta o que você tem e não lamente pelo que não tem, pois o que você quer vem. De uma coisa tenho certeza: seu espírito quer o melhor do melhor do melhor pra você, mas ele só o faz se a postura mental permitir.

Você diz que podemos ter outra realidade que não esta que está aí?

Existem tantas realidades quantas pessoas há no planeta. Essa realidade que está aí, como você disse, ou senso comum, ou coletividade, feita pela mente coletiva, é o resultado do somatório de todas as realidades individuais, pois cada um faz sua realidade conforme suas crenças. Esse é o trabalho de cada um: sair da mente coletiva, muito densa, com muito sofrimento, muita ignorância. Também há coisas boas produzidas pela mente coletiva. Cabe a cada um aproveitar o que é bom da mente coletiva e se desligar do que não é. É uma prática diária, uma mudança de hábito. Com o tempo fica mais fácil e se pode fazer naturalmente.

57

Por que muitas vezes não conseguimos realizar o que queremos, mesmo fazendo exercícios de mentalização, e mesmo lutando muito pra conseguir?

Se o que queremos não for da vontade do espírito, não adianta. Ir atrás do que queremos é natural e sensato, mas não quer dizer que será realizado. A vontade é só um pretexto do espírito para desenvolver certas habilidades, certas virtudes, certas faculdades pra ele chegar aonde ele quer. E o que o espírito quer é muitíssimo mais realizador do que aquilo que nossa cabeça quer. Outra coisa: quem luta só ganha nova luta. Quem luta atrapalha a realização. Pra ter realização é preciso fazer o que se gosta sem sacrifício nem luta.

Eu gosto muito de mim. Eu realmente me amo, mas as coisas não andam bem pro meu lado, sobretudo na área financeira. No trabalho não sou valorizada, por isso cada vez mais me vejo uma pessoa incompetente. Com tudo que aprendi com você, sempre me pergunto se estou no caminho certo. Acho que estou perdendo o gosto pela vida.

Todo mundo sempre está no caminho certo. Não existe caminho errado. Você tem uma autoimagem muito negativa. Comece já a se respeitar e a se amar de verdade. Só é valorizado quem se valoriza. Quando a gente está contra a gente, tudo é contra, pois a vida nos trata do jeito que nós nos tratamos. Por isso que você está com essa falta de gosto pela vida. Você realmente está se amando? Dizer "eu me amo" não significa nada. É na prática que a pessoa mostra se se ama de verdade. Você costuma dizer "não" quando necessário ou fica contemporizando? Prefere dizer "sim" pra não magoar o outro? Você se coloca sempre em primeiro lugar? Você respeita sua individualidade? Você respeita suas vontades? Nos momentos difíceis você realmente é sua amiga, se apoiando, se dando carinho, ou prefere reclamar ou buscar isso nos outros? Você se critica, se julga, não se aceita? Você dá muita importância para a opinião dos outros? Tudo isso são aspectos que mostram se a pessoa realmente se ama ou não. Quando você praticar essas coisas, vai verificar que todas as coisas boas que deseja começam a se tornar reais, porque cada um está onde se põe.

Por que na mesma família há pessoas com tanto talento, que se tornam ricas, enquanto outros não sabem fazer nada e acabam na pobreza?

53

Cada um tem um plano divino dentro de si, pois somos filhos da mesma energia. Deus não priva ninguém de talentos privilegiando outros. Todo mundo é igual em potencial. Agora, o que cada um faz ou deixa de fazer com esse potencial vai depender de como cada um usa a inteligência. Esse plano divino contém todas as realizações que o espírito quer, pois o espírito é a ligação de cada um com o divino. Podem não ser as realizações que a cabeça quer. Com o passar do tempo, percebe-se que são realizações até melhores que as imaginadas. Por isso que meus amigos espirituais insistem tanto em deixar o espírito agir.

Por que a gente demora tanto pra materializar uma crença nova?

Quando a gente aprende uma verdade, demora certo tempo para aquilo se tornar realidade, porque temos hábitos contrários muito arraigados, que fizeram parte de toda a vida pregressa. O caminho é esse mesmo. Continue afirmando, acreditando em seu espírito, que tem todas as soluções. A vida nos trata como nós nos tratamos. Prosperidade começa com autovalorização. Valorizar-se é dar importância ao que se sente e não ao que a cabeça aprendeu a pensar.

Tenha coragem de sempre olhar positivamente para você, até que se sinta a melhor do mundo, e que tudo o que faz ou sente tenha a presença de seu espírito. O dinheiro gosta de quem gosta de gostar, principalmente de si.

Se vou morrer e não vou levar nada daqui, pra que me preocupar em ter posses, em ter muito dinheiro? Não quer dizer que não me preocupo com isso, muito pelo contrário.

Não é porque você vai morrer que não precisa usufruir tudo de bom que tem a vida material. A prosperidade é uma vontade do espírito e é por isso que estamos na matéria. Os bens materiais são importantes, mas, por si só, não sustentam a felicidade, a paz, porque a pessoa vai querer sempre mais e vai viver na ansiedade e na angústia. O que sustenta a felicidade é o que cada um tem dentro de si. Primeiro "ser para depois ter", e não "ter para depois ser".

Estou passando por uma situação difícil, que é a eventual perda da minha casa. Trabalhei por vinte anos em uma empresa e fui dispensado há dois anos.

Arrumei outro emprego há seis meses, mas ganhando a metade do que ganhava. Com a perda da renda, as prestações da casa estão atrasadas há mais de um ano. Fui informado pelo banco de que se eu não quitar as prestações atrasadas a casa vai a leilão. Não sei mais o que fazer. Leio muitos livros de autoajuda, de prosperidade, mas não sei onde estou errando.

Aceite a situação com desapego, embora não seja a situação verdadeira, pois a verdadeira é a do espírito, que é plena de recursos que precisamos. Se algo já aconteceu, virou passado, virou ilusão, não há mais o que fazer, então a melhor saída é aceitar. Se a situação é presente e a gente não tem como interferir, aceitar é o melhor caminho. Aceitar com desapego é aceitar sem dúvidas, revoltas, desapontamento, sem questionar onde está errando, isto é, sem emoção. Assim, a mente acalma para o espírito agir. Quando a gente aceita com desapego, a impressão é de que está parado ou até apoiando a situação como real, mas é o contrário. Quanto mais você interfere com a mente, menos ela vai se envolver. Desligue-se para o espírito agir. Se você se encontra numa situação ruim e não pode interferir ou fazer nada, adianta se revoltar? A revolta só joga ainda mais lenha na fogueira. Se você puder agir para mudar, tudo bem. Por exemplo: você não pode fazer nada para mudar uma ação do governo. O negócio é aceitar com desapego. Esse sempre é o melhor caminho. Numa inundação que você não controla, adianta se revoltar?

Seu passado não há como mudar. Então, aceite-o com desapego. É uma prática diária. Com o tempo você vai perceber quanta energia você poupa e direciona para aquilo que você realmente quer realizar. Se o trabalho está ruim e a pessoa não vê outra chance, o que ela pode fazer? Nada. Ou aceita a situação, ou procura outro trabalho. Quando se aceita com desapego, o espírito começa a agir e a situação começa a mudar.

Faço cursos com você, ouço suas palestras, mas as coisas não acontecem. Não sei onde estou errando.

Só aprender no intelectual não basta. É preciso colocar em prática os ensinamentos. O processo é assim mesmo. A rapidez depende de cada um. Às vezes leva certo tempo para o subconsciente tomar como verdade os novos ensinamentos, contrários às crenças que estão desde vidas passadas arraigadas. O que mais sensibiliza o subconsciente é a prática, a realidade, já que você está querendo mudar a realidade. Continue praticando o que você aprendeu nas palestras. Tire a ansiedade e as cobranças do tipo "por que não estou conseguindo?".

Por que, quando a gente está de bem com a vida, de repente aparece um viés? Você não disse que quem está de bem com a vida sempre se dá bem?

Quando a gente está de bem com a vida, não significa que as dores não nos atingirão, não significa que não vamos captar energias densas que estão por aí. Temos crenças e atitudes arraigadas no nosso subconsciente que emergem a qualquer momento, independentemente de nosso humor, conforme a vontade do espírito. Claro que isso não é seu. Agora, você precisa desenvolver a habilidade de não entrar nessas frequências. Isso só se consegue com a prática. Assim que ocorrer, diga: "Xô que não é meu!". Depois, procure sintonizar o bem, a alegria que está dentro de você. Imagine uma coisa boa de sua vida ou que você gostaria de ser ou ter. A grande diferença é que, quando você tem consciência disso, consegue sair rapidinho daquela situação densa, enquanto para os que não têm, a demora e o sofrimento são maiores. Isso é amadurecimento.

A aceitação de que a gente tem limites e ao mesmo tempo de que somos ilimitados não são posturas antagônicas em termos de prosperidade?

Não são antagônicas. Aceitar que a gente tem limites é modéstia, humildade, uma virtude espiritual. É o que a gente conseguiu até o momento, é o que podemos expressar até o momento. É aceitar a realidade. É aceitar que temos um eu consciente, uma cabeça que pensa que somos só o que aprendemos, o que percebemos.

É aceitar que temos um espírito ilimitado que tem todas as respostas e todas as soluções. O que tem limites é o eu consciente, a cabeça. E, quando se trabalha com prosperidade, a gente está trabalhando com o espírito que é ilimitado. Em potencial todo mundo é ilimitado. É com esse potencial, é com o espírito que precisamos trabalhar.

Sou enfermeira assalariada. Gostaria de ser mais próspera para dar exemplo para minha filha. Não quero que ela tenha o mesmo futuro que eu.

Se você pretende viver pra ser exemplo para sua filha, para os outros, já fracassou. Esse é seu problema: querer mostrar, querer ser o exemplo e não se aceitar. Isso é o que está emperrando sua prosperidade. Seja do seu jeito, faça o que gosta de fazer e não se preocupe com os outros, nem com a filha, que saberá se virar muitíssimo mais que você. Aliás, você vai aprender com ela. Diga várias vezes: "Eu não sigo o exemplo de ninguém e não quero ser exemplo pra ninguém. Eu sou do jeito que sou. É muito bom ser eu".

Sou uma pessoa revoltada. Nada dá certo na minha vida. Não aceito isso. Gostaria de ter nascido outra pessoa.

59

Você diz que a gente pode ser próspera, mas acho que isso é só pra alguns que já nascem predestinados. Não sei mais o que fazer.

Ninguém nasce predestinado. Todos nascem com o mesmo potencial e as conquistas dependem das crenças e atitudes de cada um. Por que tanta raiva? Para que essa briga, essa revolta com a vida? Uma das leis mais fortes da espiritualidade é: "A vida me trata como eu me trato". Quem se rejeita, a vida faz o mesmo com ele em todas as áreas. A vida só está seguindo o que você está mandando. Procure verificar a causa da raiva. Ela tem um motivo para estar aí. A raiva é uma das energias mais maravilhosas que há. Ninguém sobrevive sem ela. Se a raiva não existisse, os animais estariam todos mortos. A presa se defende devido à raiva. A raiva faz parte do instinto de sobrevivência dos animais. A raiva bem direcionada, bem governada é ótima. Agora, a raiva mal dirigida é caótica, é uma autoagressão e muito prejudicial. A raiva bem direcionada, por exemplo, é quando você precisa chamar atenção de alguém por algo que o está incomodando, para estabelecer os limites dos outros, numa competição, num trabalho, numa tomada de atitude positiva. Sabe, quando você pega a coisa e vai e faz. A raiva bem governada se transforma em coragem. Agora, sai por aí gritando com todo mundo, batendo em todo mundo, xingando todo mundo, culpando todo mundo ou fazendo tudo isso consigo pra você ver o que lhe acontece!

68

Eu gostaria de saber mais sobre prosperidade. Aprendo, pratico e fico nervosa porque não consigo ter o resultado que quero. Às vezes dá vontade de desistir.

Você precisa ter paciência consigo mesma. Pare de se cobrar, de exigir o que ainda não sabe e não conseguiu. A mente não vai ceder tão facilmente e desistir fácil do que ela aprendeu desde sempre. O processo é assim mesmo. Continue praticando que a mente vai cedendo aos poucos e as coisas vão melhorando cada vez mais.

Você diz que não precisamos melhorar. Como assim?

Quando digo que não precisamos melhorar, significa que somos perfeitos do jeito que somos. Quando você acredita e aceita que é perfeito, a melhora vem naturalmente. Isso não significa que não deva fazer nada. Significa fazer sem obrigação de melhorar e sem sacrifícios. Significa fazer o que gosta. Quando você aceita a perfeição em si, a vida coloca ao seu dispor coisas que você vai fazer sem esforço e sem sacrifício.

Por exemplo, não ter tanto apetite, sentir vontade de comer comidas mais leves, ter prazer em caminhar, em praticar certos exercícios etc., caso queira emagrecer. Essa premissa é válida para todas as áreas da vida.

Fazer planos, projetos, não é criar expectativas que atrapalham o processo de realização? E se eu deixar rolar não é uma atitude ruim que não traz resultados?

Todo mundo tem seus planos, seu projetos, isso é natural. Porém, para que o espírito aja e as coisas aconteçam da melhor forma possível, é preciso não ficar controlando, criando expectativas e ansiedade. Isso é que emperra. Quem disse que deixar rolar é ruim e não terá resultados? Aí é que os resultados bons aparecem. Faça o que você tiver ao seu alcance, respeitando seus limites, e deixe rolar para o espírito agir.

Sou professora de inglês. Ganho pouco, muitas vezes os alunos são indisciplinados e isso me deixa muito nervosa. Estou cansada. Gostaria de ter um aconselhamento seu.

O espírito não gosta de fazer o que a gente não gosta. O espírito gosta de trabalhar no que lhe dá prazer, satisfação. Se a pessoa faz o que gosta, o espírito dá o maior apoio e ela tem sucesso naquilo. Nem precisa tirar férias, porque trabalha se divertindo. Você gosta de ser professora de inglês? Talvez seu espírito esteja querendo que você mude de profissão.

Já fiz de tudo o que se imagina para me tornar uma pessoa próspera, mas as coisas não acontecem. Não sei o que está faltando pra mim.

Se você está bem consigo, o bem está com você e o bem é a oportunidade, a facilidade, o fluxo do dinheiro abundante. A vida é mesmo mágica, mas quem regula esse fluxo é você. Se você está legal com você, tudo rola bem. É assim que funciona a vida. Não é esperar que as coisas aconteçam pra ficar bem. As coisas, por mais que as tenhamos, não nos sustentam. É bom tê-las, mas não são elas que nos garantem. A garantia está dentro de cada um, independentemente das posses. Quando a pessoa age dessa forma, a prosperidade começa a fluir. Então, é o contrário. Fique bem consigo, que as coisas vêm, e não espere que as coisas venham pra depois ficar bem consigo. Em todas as áreas da vida é assim.

É ser pra ter e não ter pra ser. Quer ser próspero? Sinta-se próspero que a prosperidade vem. Quer paz? Sinta paz que a paz vem. A vida nos trata como nós nos tratamos. Se nos tratamos bem, vem o bem; se formos contra nós, é tudo contra em nossa vida.

Por que não somatizamos exatamente aquilo que mentalizamos? Por que ocorre a demora em materializar as coisas?

Nem sempre nosso espírito realiza exatamente como imaginamos ou mentalizamos. Na infinita sabedoria dele, procura o que sente que é melhor pra gente. Só com o tempo percebemos que foi o melhor pra nós. Que somos o resultado de nossas crenças e atitudes não tenho dúvida. Porém, essas crenças estão todas misturadas e vêm desde sempre, e muitas estão no subconsciente, mas nem por isso deixam de interferir no processo criativo. A sombra, que é parte do nosso espírito responsável pela criação, sabe disso e materializa o resultado de todas essas crenças misturadas. Se existir um conflito interno, ou seja, uma nova crença em choque com uma antiga, fortemente arraigada, ela não vai se materializar. Por isso a grande importância do trabalho de limpeza interior, de descristalização dessas crenças.

Um dos exercícios do trabalho de limpeza é a afirmação constante, com convicção, da nova crença, de preferência visualizando-a, seguida da prática no dia a dia. É um exercício de paciência e é demorado, porque nossa mente mal-habituada não cede facilmente. Com a prática, o processo fica cada vez mais fácil. Quando, um dia, a cabeça que está cheia de ilusões largar tudo para o espírito, sem questionar, sem se envolver emocionalmente, então, nossas vontades se materializam rapidamente, pois o espírito estará no comando e não o eu consciente.

Já fiz muita coisa errada na vida. Hoje me arrependo bastante e acho que é por isso que as coisas não andam na minha vida. Você pode me ajudar?

Você se cobra e se critica muito. Você não fez nada de errado. Era o que era pra ser feito. Era o que você sabia. Se alguém foi prejudicado, foi ele que atraiu aquilo de você. Você tem um juiz interior muito rigoroso. A vida trata você do jeito que você se trata. Relaxe, desligue. Essas cobranças é que estão atrapalhando sua vida e não as coisas que você supõe que fez errado.

RELACIONAMENTO AFETIVOSSEXUAL

75

Nunca tive uma vida afetiva boa. Como faço para melhorar essa área da minha vida?

Quando somos negativos conosco, os outros também o são. Se eu me nego, sou negado, não importando todos os sacrifícios que eu tenha feito em nome da pessoa. Os outros não reagem ao que fazemos para eles, mas à nossa energia e como ela afeta as pessoas. Se eu me amo, eles me amam, se eu me aceito como sou, eles acabam por me aceitar como sou, se eu me apoio, eles me apoiam, se eu me respeito, eles me respeitam, se eu me considero positivamente, eles também, se eu confio em mim, eles também, e não importa como eu tenha agido. O que conta é a energia que eu emito com meu jeito de ser. Porém, nascemos e crescemos numa sociedade que sofre de negativismo e que acredita em ideal e não aceita o que é natural. Você já deve ter sido contagiado com essa doença, e por isso tem uma energia que o leva a uma vida afetiva negativa. Como já tem uma visão negativa de si, tenta ser uma pessoa legalzinha para agradar, crente que ela vai amá-lo por isso, sem perceber que está se desvalorizando e criando energias de desvalor, e logo a pessoa passa a agir de forma negativa com você. Como você se cobra, se sacrifica, se dá inteiro, assume a felicidade dos outros, vive para o bem-estar alheio sem o menor respeito por você.

Então, acha que os outros vão fazer o mesmo. Você está sempre cheio de cobranças e expectativas que se tornarão desilusão e mágoa. Este é o caminho errado, pois ao fazer isso você está se negando, o que realmente é, e a pessoa vai negá-lo. Ao ser rejeitado, você vai culpar o outro, o que piora tudo, pois você está magoado e o outro é o culpado. Todo mundo faz isso. Até o dia em que se cansa e termina com tudo. Quem não se amar jamais será amado, pois não há condições energéticas. Mude a seu favor e tudo começará a mudar. Ponha o que você sente em primeiro lugar, reaprenda a ser autêntico, positive o seu jeito natural de ser, se respeite, se dê o direito de ser você, diferente e real, livrando-se do ideal, e logo você verá os resultados.

Não gosto do meu corpo. As pessoas até dizem que ele é bonito, que tenho um rosto bonito, mas no fundo falam para me agradar. Até consigo namorados, mas com o tempo acabam desistindo. Gostaria muito de ter um relacionamento duradouro. O que está errado comigo?

Seu problema é achar que há algo errado com você. Quem não se aceita como é, quem não gosta de si, quem se desvaloriza, repele tudo de bom que a vida lhe reserva, principalmente aquilo que a pessoa mais deseja, no seu caso, um relacionamento duradouro, pois a vida trata você como você se trata.

A vida só está obedecendo ao que você está mandando. O grande segredo do sucesso no amor e nos relacionamentos é darmos a nós mesmos aquilo que queremos que os outros nos deem, como carinho, amor, atenção, apoio, consideração, companhia etc. Assim o padrão energético que fica é de qualidade e atrairá pessoas de qualidade para nós. O que atrai ou repele as pessoas é o padrão energético. Todo mundo gosta de estar com uma pessoa nutritiva. Quem decide com quem queremos ou não ficar é o espírito de cada um de nós. Se os espíritos de ambos quiserem ficar juntos, eles trabalharão para isso.

Como faço para encontrar minha alma gêmea?

Não acredito em almas gêmeas, mas sei que o que você procura é você mesma. A maior lei no universo é que tudo e todos são únicos. Só você é gêmea de você.

Amo de paixão meu namorado, mas sofro com as brigas verbais e com medo de que ele termine o relacionamento. Você disse, certa vez, que paixão não é amor. Qual a diferença?

Se sofre é porque não é amor. Paixão é uma doença, é uma carência, tanto é que um dia acaba. O amor não faz sofrer e nunca acaba. Há muita diferença entre amor e paixão. O amor une, a paixão não, porque é um estado doentio. A paixão geralmente acaba num relacionamento, mas se as pessoas tiverem a maturidade de cultivar o amor, o carinho, o respeito mútuo, o companheirismo, o relacionamento será de qualidade e duradouro. Um relacionamento baseado só na paixão está fadado ao fracasso.

Gostaria de saber a diferença entre sentimento e emoção, amor e paixão.

Sentimento é uma coisa e emoção é outra. O sentimento vem da alma, que é a parte do espírito responsável por todos os sensos. O sentimento é sereno, enquanto as emoções são provocadas pela cabeça e vêm com agitação. A emoção precisa de um motivo externo. Passou o motivo, passou a emoção, enquanto os sentimentos são duradouros, como o amor, a compaixão, a paz, a alegria, a serenidade etc. A paixão, a raiva, a revolta, a vergonha, o ciúme etc. são emoções e surgem porque a cabeça, que vive de ilusões, entende errado o sentido dos fatos. Amor não tem nada a ver com paixão. A paixão é agitada e passageira, enquanto o amor que é sereno e eterno, envolve diversos fatores, como vontade de estar junto, companhia, carinho, respeito, companheirismo etc.

80

Tenho um marido muito ciumento. Gosto dele, mas isso acaba tornando nossa vida um inferno. Não dou motivo pra ele ter ciúmes, mas não adianta. Como faço para lidar com essa situação?

O problema não é seu marido ciumento. O problema é como você está dando importância pra ele. Você não vai mudar o outro, mas pode mudar a si. É mudando a gente que a gente muda os outros. Comece não dando importância para o que ele fala ou acha de você. Não entre no discurso. Procure não ligar. Enquanto você ficar dando satisfação, importância pra isso, vai ficar ligada na energia dele. Diga e ponha em prática o seguinte: "O que o meu marido, ou qualquer outra pessoa pensa de mim, só interessa a eles. Só eu sei o que é bom pra mim". Se você começar a agir dessa maneira e bancar, com o tempo seu marido vai deixar de ficar pegando no seu pé.

81

Meu namorado gosta muito de mim, mas reclama que sou ciumenta demais. Tem como a gente acabar com o ciúme ou pelo menos diminuí-lo?

O ciúme é uma doença de terrível convívio. A pessoa diz que é sadia, mas não é. Se você deixar, pode destruir a sua vida.

A causa é a sua baixa autoestima. Você não se dá valor ou importância e quer que os outros façam isso sem parar pra você. Você se ignora e se rejeita, se inferioriza e se menospreza. Quando exagera, vem a crise e você projeta nele o modo como você se trata, pois não assume o que faz consigo, e diz que ele a está traindo. Melhore sua autoestima e trate você de modo melhor. Dê-se o que ninguém costuma dar a si mesmo, como carinho, companhia, amor, apoio, valor, consideração, que o ciúme deixa de ter esse aspecto doentio.

Eu gosto da minha esposa, a gente se dá muito bem, mas às vezes fico estressado com o excesso de cobranças dela. Ela, por sua vez, diz que quem fica cobrando muito sou eu. Queria um conselho seu para melhorar nossa relação.

O que estraga um relacionamento são as cobranças. Ninguém precisa mudar o seu jeito de ser, de pensar, pra agradar os outros. Siga sua individualidade, que é uma característica do seu espírito. Quem realmente ama aceita o outro do jeito que é. É claro que precisa impor limites e não precisa aceitar desrespeito, grosseria, falta de higiene... você sabe do que estou falando.

83

Eu e meu marido nos amamos e nos damos muito bem. Ele é um ótimo companheiro, mas às vezes faço sexo com ele só por fazer. Sinto atração sexual muito forte por um rapaz, colega de trabalho. Fico pensando que, se eu ceder, vou me sentir ingrata e culpada. Além disso, tenho medo de que os outros fiquem sabendo. Por que acontece isso, se amo meu marido?

Porque o bicho, a parte sombra do espírito, é assim. Ele está pouco se lixando para a moral. Ele quer se expressar e, se bloqueá-lo, ele atrai doenças. Seu problema são as culpas e querer fazer gracinha para os outros, mostrar-se correta, a certinha, a que tem moral, ética, pra ser considerada, aplaudida. Seu espírito não gosta nada, nada disso. Você quer ser certinha ou ser feliz? Você escolhe. Culpa é pretensão. Nossa pretensão acredita no fantasioso, no irreal, no ideal. Acredita que tudo e todos deveriam ser ideais. É só fantasia, pois, goste ou não, somos só reais. Quando vemos que somos diferentes do que nossa pretensão queria, damos uma surra em nossa alma ou no nosso peito. Procure ser modesta e aceite que você é o que é. A culpa é um mal terrível que emperra a vida em todos os sentidos. Por outro lado, não confunda amor com paixão e sexo. Eles podem coexistir, mas, geralmente, com a rotina, o sexo acaba se desgastando e a paixão invariavelmente acaba. O amor nunca acaba. Com o tempo, a tendência é ficar maior.

O amor pode muito bem existir num lar, independentemente de sexo e paixão. Cada um é livre para procurar fora o que não encontra no lar, desde que se banque e não se culpe, senão o preço será alto.

Tenho um relacionamento fora do casamento, só que me sinto culpada, sinto que não estou sendo ética com meu marido. Você acha que devo parar com isso? Gostaria de saber como fica essa situação do ponto de vista espiritual.

Para o espírito tudo é permitido. Essa culpa, essa ética, essa moral é da sua cabeça, coisa que você aprendeu da sociedade. Se for fazer algo, faça sem culpa, senão o resultado será mais sofrimento. Só se condena quem se culpa, e quem se condena tem que pagar, não pra vida ou pra Deus ou pra alguém, mas para si mesma, porque o espírito obedece aquilo que você manda. Ele segue a sua crença segundo a qual "quem deve precisa pagar". Não há ninguém observando o que você faz ou deixa de fazer a não ser sua cabeça. Você é que decide.

Fiz de tudo para o meu ex-namorado. Ele me amava, a gente se dava muito bem, mas não sei por que ele me deixou sem nenhuma explicação. O que pode ter acontecido?

O que você faz pelos outros não conta nada. Só conta o que você faz pra você, porque a vida trata você do jeito que você se trata e não como você trata os outros. Seu ex-namorado não é responsável pela separação, mas você. Você se fez de boazinha, fez tipo, disse sim quando precisava dizer não pra garantir a companhia dele e deu nisso. Se você não mudar suas atitudes vai perder também o próximo. Repito: a vida trata você como você se trata.

86

Às vezes estou bem com meu namorado, mas às vezes ele me tira a paz. O que preciso fazer pra ter mais paz e ser mais feliz?

Nada nem ninguém sustentam a paz e a alegria da gente. Não podemos depender do mundo exterior pra sermos felizes. A felicidade, a paz é algo que está dentro de cada um, independentemente das coisas de fora. Quem é feliz por dentro, atrai um relacionamento feliz, porque o exterior é o reflexo do interior. Aceite que um relacionamento é assim mesmo. Hoje está bem, amanhã não está, porque o humor das pessoas varia.

87

Sinto uma tristeza constante. Acho que é porque não tenho ainda o amor que eu gostaria de ter.

Já namorei um rapaz de quem eu gostava muito, mas a tristeza continuava. Por quê?

Você está distante de sua alma, a parte do espírito responsável pelos bons sentimentos. Só a gente preenche a gente. Os outros são companhias, mas a qualquer momento podem faltar. Não podemos depender dos outros para sermos felizes. Claro que também não é bom ficar sozinha. Quando você está com sua alma, fica preenchida e assim consegue uma energia boa para atrair as coisas, as pessoas de que você precisa. Você pode ficar distante de todo mundo, menos de você. As pessoas não podem levar pedaços da gente, da nossa alma, quando vão embora, quando saem da nossa vida.

O que você acha da infidelidade num relacionamento?

A única fidelidade que a pessoa deve ter é consigo mesma. As pessoas costumam colocar o sexo em primeiro lugar num relacionamento, mas há tantos aspectos mais importantes, como amor, companhia, amizade. Quem se respeita é respeitado e não o contrário. Não é respeitando o outro que você vai ser respeitada, mas se respeitando, seguindo sua individualidade, seu espírito, suas vontades.

89

Estou namorando, mas fico sempre em dúvida se vai dar certo ou não. Uma amiga do meu namorado me disse que ele não é confiável em relação à fidelidade. O que eu faço?

Não sei o que você faz. Você é quem decide. Num relacionamento não há nenhuma garantia. Quem se garante é cada um. Essa é a verdade e acabou. Pare de se iludir. Ninguém trai ninguém. São as pessoas que atraem a traição, porque são traíveis, e cada qual é responsável pelo que de bom ou de ruim acontece consigo. Depois, esse negócio de fidelidade é bobagem. Se você pautar seu relacionamento pela fidelidade ou infidelidade, adianto que já fracassou, porque não podemos e não conseguimos mudar e controlar as pessoas para que satisfaçam nossas vontades. As pessoas são como são e ponto final. Há tantos outros aspectos mais importantes num relacionamento. Sexo é importante, mas não é tudo nem o principal. Quem decide com quem quer ficar não é a gente, mas os espíritos de ambos. Por isso, releve, se libere desse apego doentio na infidelidade que só a prejudica e a deixa presa na pessoa, pois seu poder está com o outro. Se quiser ficar junto ou partir pra outra é uma decisão sua, mas faça isso com uma cabeça melhor, senão o processo vai se repetir com outra pessoa.

90

Às vezes desconfio de que minha namorada é infiel, o que me atormenta demais. Como lidar com isso?

É impossível mudar os outros, mas totalmente possível mudar a gente. Você precisa é mudar sua cabeça. Não adianta exigir que sua namorada seja fiel porque, mesmo que ela seja, sua cabeça vai sempre desconfiar. Se você pautar seu relacionamento na fidelidade da parceira, já adianto que fracassou, a não ser que você mude. Tire de sua cabeça essa preocupação. Não podemos controlar os outros para satisfazer nossas vontades. E, depois, não é a gente que decide com quem quer namorar e depois assumir um compromisso duradouro, mas os espíritos de ambos. Se for pra vocês ficarem juntos, os espíritos trabalharão para isso.

91

Você não acha importante a aparência física num relacionamento?

Tudo que conta é a postura interna. O exterior é o reflexo do interior. Se há algum problema externo é porque tem uma origem interna. Muda o interior que o exterior muda.

Ao dar importância e poder para o externo, você está reforçando sua crença interna negativa e o resultado se repete. Beleza interior, beleza exterior. E mesmo que a pessoa não consiga mudar a aparência física, vai se sentir melhor, com uma energia melhor e atrair coisas melhores, companhias melhores pra sua vida e, com o tempo, vai deixar de dar importância a esses aspectos. Se a pessoa se pautar somente na beleza física num relacionamento, está propensa a fracassar. A beleza física, à primeira vista, pode impressionar, mas não é determinante para uma relação duradoura se não houver beleza interior. Há inúmeros exemplos de casos assim, como há inúmeros exemplos de pessoas cuja aparência física está longe do padrão de beleza convencional, mas o relacionamento é de alta qualidade nutritiva porque tem beleza interior.

Não tenho prazer sexual com outra pessoa.
Quando minhas amigas falam de suas relações sexuais, de orgasmo, fico pensativa achando que há algo errado comigo e querendo sentir o que elas sentem. Tem como reverter isso?

Primeiro, pra você, sentir prazer sexual é perigoso. Você não me disse, mas no passado deve ter havido algum fato marcante nessa área de sua vida que a bloqueou.

Geralmente as pessoas ficam paradas na infância e não amadurecem. Volte à infância, vá lá e verifique onde e como você foi contrariada, visualize a cena e procure liberar as pessoas envolvidas, pois elas fizeram o que sabiam na época. Libere-se também, aceitando que tudo foi perfeito, que não era para ser de outro jeito. Pra liberar, é preciso aceitar a situação e abençoá-la, bem como as pessoas envolvidas, incluindo você. Não podemos mudar o passado que já virou ilusão, mas podemos nos liberar dele, uma vez que está atrapalhando o presente. Permita-se se sentir. Comece por você, fazendo carinho em outras partes do corpo que lhe dão prazer. Pare de se criticar, de se julgar errada. Diga constantemente: "Sexo é bonito, prazeroso e divino".

"O grande segredo do sucesso no amor e nos relacionamentos é darmos a nós mesmos aquilo que queremos que os outros nos deem, como carinho, amor, atenção, apoio, consideração e companhia."

RELACIONAMENTO FAMILIAR

93

Eu e meu marido éramos muito felizes antes de nos casarmos. Após três anos, nosso relacionamento deteriorou bastante. Ficamos nos questionando onde erramos, mas não encontramos explicação. Como fazer pra voltarmos ao que éramos?

Para aqueles que um dia se gostaram e se atraíram a ponto de se casarem, só tem um problema que mata tudo: é a maldita mania de se casar. Ou seja, ao se unirem, os dois começam a pensar e agir segundo papéis. Ele faz o papel do marido e você faz o da esposa. Deixam de ser o que eram e perdem o charme e o carisma que os atraíam e começa a guerra das cobranças. Ao ser a esposa e se podar, você quer que ele seja o marido que você tem na imaginação, e ele, ao se podar para ser o esposo, quer a esposa que ele tem na imaginação. Então, se agridem e se magoam como crianças. Vocês estão vergonhosamente imitando os seus pais. Não adianta trocar de marido nem de mulher porque será assim com os outros parceiros. É necessário matar psicologicamente a esposa e o marido. Sejam sempre só vocês.

94

Meu marido tem me causado muitos problemas na vida. Tudo que faço ele critica. Costuma me desvalorizar e nunca reconhece o que eu faço.

Esse tipo de atitude acaba até influenciando na relação sexual. Não tenho mais prazer na cama com ele. Muitas vezes penso em me separar dele, mas não tenho coragem. O que devo fazer?

E por que continua com ele? Alguma vantagem você deve tirar com a companhia dele, senão já o teria abandonado. Cada um está onde se põe. Seu marido não é a causa dos seus problemas, mas você. Quando você se desvaloriza, atrai companhia que a desvaloriza, porque a vida a trata do jeito que você se trata. A vida só está obedecendo ao que você está mandando. Tome uma atitude. Seja menos submissa. Aprenda a dizer não. O grande segredo do sucesso no amor e nos relacionamentos é darmos a nós mesmos aquilo que queremos que os outros nos deem, como carinho, amor, atenção, apoio, consideração, companhia etc. Assim, o padrão energético fica de qualidade e atrairá pessoas de qualidade para si. O que atrai ou repele as pessoas é o padrão energético. Todo mundo gosta de estar com uma pessoa nutritiva. Quem decide com quem queremos ou não ficar é o espírito de cada um. Se os espíritos de ambos quiserem ficar juntos, eles trabalharão para isso.

Acho que sou muito apegada a meus filhos pelo fato de dar a eles muito carinho e atenção. Seria isso apego?

Uma coisa não tem nada a ver com a outra. Dar carinho e atenção não é apego. Apego é achar que eles são a razão de sua vida. A razão de sua vida é só você, porque um dia seus filhos irão e você não vai sofrer de solidão porque estará com você, que é sua melhor companhia.

Tenho um tio que é muito ignorante. Quando seus filhos eram pequenos, eu o ouvia dizer cada absurdo para eles, do tipo "Vocês são burros, não aprendem, estão na escola pra quê?". Hoje percebo que esses meus primos e primas são tímidos, acanhados, um até desistiu da faculdade porque a achava muito difícil. Às vezes quero ajudá-los, mas não sei como. Esse pai não é responsável pela situação atual dos filhos dele?

Ninguém tem poder sobre ninguém, a não ser que a pessoa permita. Do ponto de vista da espiritualidade, uma criança e um adulto são tratados da mesma forma, pois os espíritos não têm idade. Apenas o físico da criança, por enquanto, não pode expressar certas coisas. Não há crianças inocentes. Lembre-se de que elas já foram adultas em outras vidas e trazem consigo as experiências e crenças que continuam influenciando a formação da realidade atual delas.

Todas têm um espírito infinitamente sábio e experiente consigo, que faz aquele corpo atrair certas experiências para desenvolver virtudes, faculdades, habilidades. O que eles ouviram na infância já estava afinizado com o grau de evolução de cada um. Aquilo ia ocorrer de qualquer forma. Se não fosse através do pai, seria através de outra pessoa. Tudo está certo. Cada qual, criança ou adulto, é responsável pelo que de bom ou ruim acontece em sua vida. Você pode ajudar não julgando, ficando na sua, a não ser que eles peçam, não se revoltando e abençoando as pessoas envolvidas. Abençoar é jogar o bem naquilo, e o bem sempre prevalece.

Sou separada e tenho um filho adolescente que é muito desobediente, tanto em casa como na escola, e fala coisas horríveis, do tipo: "Quero ser policial pra matar esses bandidos"; "No Brasil devia ter terroristas pra matar esses políticos corruptos"... Já procurei fazer de tudo, mas não adianta. Esses dias quase dei uns tapas nele e ameacei tirá-lo da escola. Como faço para ele mudar de comportamento?

Não se preocupe com o que seu filho fala. Não ouça. Quanto mais você falar, mais ele vai desobedecer. Poupe suas energias para o seu bem e o do seu filho. Com o tempo isso vai mudar.

Confie no espírito dele, que é infinitamente sábio e saberá conduzi-lo. As experiências por que ele precisa passar só o espírito dele sabe. Não precisa tirá-lo da escola, nem usar violência física. Claro que ele precisa de limites. Se ele insistir em ultrapassar esses limites, comece a privá-lo do que ele gosta, por exemplo: tênis da moda, shopping, video game, até ele perceber e respeitar sua autoridade e entender que, enquanto ele depender de você, em termos financeiros, vai precisar lhe obedecer.

Não aguento mais conviver com minha mãe. Vive reclamando o tempo todo, é muito negativa e está sempre mal-humorada. Já conversei diversas vezes com ela, mas não adianta. O que devo fazer?

Você não é obrigada a conviver com sua mãe. Se você está com ela é porque alguma vantagem ainda está tirando da situação, senão já a teria abandonado. A vantagem pode ser "ruim com ela, pior sem ela", ou por sentir pena, culpa etc. Agora, se preferir conviver com ela, terá que aceitá-la do jeito que ela é. É o preço a pagar. Não podemos e não conseguimos mudar as pessoas para satisfazerem nossas vontades. Desenvolva a sabedoria de não ouvir.

Fique neutra e ao mesmo tempo sabendo que ela está na ignorância dela. Isso é compaixão. Aprenda a dizer não quando perceber que está sendo invadida. A gente atrai pessoas para nosso convívio muitas vezes pra mostrar nossos pontos fracos e fortes e, assim, desenvolvermos virtudes, faculdades e certas habilidades.

99

Eu e meu filho tínhamos um ótimo relacionamento. Ele foi embora de casa e quase não me telefona. Eu sei que ele tem o direito de fazer da vida dele o que bem entender, mas estou sentindo muito sua falta. Às vezes sinto-me culpada por isso, embora não me lembre de ter lhe dado motivo. O que faço para não sofrer tanto de saudade?

Os espíritos dele e seu quiseram passar por essas experiências. Ninguém tem culpa de nada. Cada um só faz o que sabe. Não fique desejando, reivindicando a volta dele. Largue. Desencuque. Se for pra vocês se encontrarem, os espíritos de ambos trabalharão para isso. Está tudo certo. Poupe suas energias, mande luz pra ele. Quanto menos você interferir emocionalmente, mais rapidamente as coisas vão se resolver. Se tiver algo pra fazer que tiver ao seu alcance, faça, mas sem se envolver emocionalmente. Coloque seu filho nas mãos do espírito dele e deixe acontecer.

Tenho um filho de sete anos. Qual a melhor forma de educá-lo?

Não procure ser a mãe mais perfeita da Terra. Seja você mesma, siga sua individualidade e seja natural. Se o espírito dele optou por nascer através de você, é porque ele achou que você seria a mãe mais adequada pra ele. Acredite no seu espírito e no espírito dele, que têm todas as respostas e todas as soluções.

Minha mãe é muito encrenqueira. Não aceita o que eu falo e fica falando que está certo porque está na Bíblia e que essas coisas que falo eu tiro desses livros por aí. Gostaria de ter uma relação mais harmônica com ela. Se eu falar com o espírito dela, será que resolve?

Largue sua mãe com as crenças dela pra lá. Não ouça o que ela fala, que é bom pra ela, mas não pra você. Não discuta, não faça perguntas. Ignore, permaneça indiferente. Entenda que ela está certa para ela. É o que ela sabe. Os ouvidos são seus. Ouça apenas o que quiser. Você não consegue e nem pode querer mudar sua mãe, mas pode mudar você. Não queira provar nada pra ela.

Não queira doutriná-la, não queira que ela entenda. Siga o que seu espírito acha que é bom pra você. Siga sua individualidade e imponha seus limites quando necessário. Não queira nada dela, como carinho, amor, atenção, apoio, consideração, entendimento, compreensão. Faça tudo isso para você. Não espere nada dela. Não adianta falar com o espírito dela, pois ele também não vai ouvir porque ele respeita o que ela acredita e ela acredita que está certa.

Minha filha se casou, mas eu percebo que ela não está muito feliz. Gostaria de ajudá-la, mas ela não aceita. Sofro muito quando vejo meus filhos sofrendo. Você sabe, né? Mãe é mãe. Queria um conselho seu pra dar a minha filha.

Deixe de ser mãe. Mate a mãe! Mesmo porque você não é mais mãe, pois sua filha é uma adulta que se vira muito bem. Se você não parar com essa mania, só vai ganhar uma inimiga. Sua função de mãe acabou quando ela cresceu, mas você está fora da realidade e age como se ela tivesse dez anos. Isso é ridículo! Você é inteligente. Dê um jeito nisso logo e mude você. Já!

103

Minha mãe está com oitenta e cinco anos e está sofrendo muito devido a problemas de saúde. Muitas vezes me sinto culpada por não poder ajudá-la. Queria saber como faço pra lidar com essa situação.

Tudo, absolutamente tudo o que acontecer com sua mãe é de responsabilidade dela, pois cada um, junto com o espírito, independentemente da idade, é cem por cento responsável por tudo de bom ou de ruim que acontecer em sua vida. E tudo será o melhor pra ela, senão o espírito dela não permitiria. Confie que o espírito dela, como o seu, tem toda a sabedoria para fazer o que for melhor para ambas. Culpa é orgulho. É pretensão de querer corrigir Deus. Está tudo certo.

104

Como faço para curar meu filho que é hiperativo?

Primeiro, hiperatividade não é uma doença, por isso não se pode falar em cura. A hiperatividade é uma característica do espírito de seu filho. Quando o espírito sentir que não precisa mais se expressar dessa forma através dele, ele mudará naturalmente. Deixe seu filho se expressar da maneira dele.

105

Como faço pra lidar com uma criança mimada e desobediente como meu filho?

De alguma forma, na educação dele, vocês o mimaram e ele acha que é o centro de tudo. Agora é preciso reeducá-lo. É preciso fazê-lo entender que precisa obedecer e seguir certas regras. Não precisa bater, mas pode privá-lo de certas coisas de que ele gosta, como desligar a televisão, e deixa chorar. Não ceda a chantagens nem fique com pena. É preciso privá-lo e manter-se firme até ele perceber que quem manda são os pais e que ele precisa lhes obedecer.

106

Diversas vezes já ouvi você dizer que é pra gente se pôr em primeiro lugar. Quando me coloco na frente dos filhos não é egoísmo? Onde fica o papel de mãe, o amor de mãe?

Quando você se coloca em primeiro lugar, você não está tirando de ninguém. Cada qual que se coloque onde bem entender. Isso não é egoísmo. Está se considerando, se amando, se ajudando e ajudando seus filhos, porque você fica nutritiva. Egoísmo é tirar de você pra dar para os filhos só para ter a consideração deles, pra mostrar seu papel de mãe, como você diz.

Ser mãe não é desempenhar um papel. Amor materno não tem nada a ver com isso. Amor é, antes de tudo, se considerar, respeitar sua individualidade pra ter o respeito dos filhos. Continue desempenhando o papel de mãe pra ver o que acontece! Vai acabar ficando sozinha, porque consideração, respeito, amor não se barganha desempenhando um papel. Quando você tira de você para dar aos outros, você fica tóxica e prejudica todo mundo. Pode dar para os outros, até para os filhos, desde que não tire de você, desde que esteja sobrando, porque a vida a trata como você se trata e não como você trata os outros, mesmo sendo os filhos. O que você chama de amor por seus filhos, na verdade, é mimo, um dos maiores males na educação de um filho. A cabeça dos filhos pode não perceber essas atitudes suas de desvalorização, mas os espíritos deles e o seu percebem, e seu espírito aprende com você que se desvalorizar é bom e tira valores de sua vida, em todas as áreas.

Estou passando por uma situação muito difícil.
Meu filho tem uma doença e já fui a diversos médicos, está em tratamento, mas parece que ele não apresenta melhora. Morro de pena quando vejo uma criancinha doente, principalmente quando se trata de meu filho.
Como faço para ajudá-lo a sarar?

Confie no espírito dele. Coloque tudo nas mãos dele, confie e relaxe. O espírito tem todas as respostas e todas as soluções, já que é a nossa ligação com o divino. Essa é a melhor forma de ajudá-lo, uma vez que da parte médica você está indo atrás. Pare de tratá-lo como pequenino indefeso. Ele também tem um espírito poderosíssimo com ele, assim como todo mundo tem. Pare de nutrir esse sentimentalismo porque isso, além de não ajudar, atrapalha, pois sua energia negativa acaba por atingi-lo e piora a situação sua e dele.

Na minha família tem uma pessoa muito agressiva. Será que um dia ela pode mudar? Será que, fazendo terapia, ela consegue mudar?

Tudo depende do espírito da pessoa. Quando o espírito dela achar que não precisa mais experienciar a agressividade, ela muda naturalmente. A própria experiência fará com que ela tome consciência de que a agressividade só lhe prejudica e de que há uma forma mais inteligente de lidar com as diversas situações. A terapia é um caminho para ela tomar essa consciência, porém, se a pessoa não tiver vontade de fazer, ou não acreditar, pouco resultado obterá.

Tenho um pai agressivo, que não cuida da higiene pessoal, o que me incomoda muito. Tenho condições de sair de casa, mas fico pensando que seria falta de compaixão de minha parte. Como lidar melhor com essa situação?

Se uma pessoa a agride, você não é obrigada a conviver com ela, mesmo que seja um familiar, e mesmo assim pode continuar tendo compaixão por ela. Compaixão não é se sacrificar pelos outros. Ou seja, você não deixará de buscar o bem dentro dela. Compaixão é, antes de tudo, respeitar e aceitar sem julgamento o que o outro está passando. Você aceita que a pessoa é assim, mas por outro lado você também precisa ter a autocompaixão, que é o direito de conviver com quem você quiser e se aceitar do jeito que você é. Se a outra pessoa é um poço de negatividade, é agressiva, o problema é dela e não seu. Dizer "não" muitas vezes é compaixão, e dizer "sim" muitas vezes é pura pena.

Tenho dois filhos, um de dezoito e outro de vinte e dois anos. Fico com medo e preocupada com a vida deles. Será que eu assumi um compromisso com eles antes de reencarnar? Sabe como é mãe, né? Os filhos sempre estão em primeiro lugar.

Você não tem compromisso nenhum com ninguém e não assumiu nada antes de reencarnar. Você tem responsabilidade até eles completarem a adolescência, o que é diferente de pôr os filhos em primeiro lugar como você faz. O que você está fazendo com esses dois marmanjos na sua saia? Com essa cabeça que você tem, eles podem completar cinquenta anos e você vai continuar com esses medos. Cuide da sua vida e deixe que os outros cuidem da deles. Você não crê absolutamente nada no seu espírito e nos espíritos deles, que têm todas as respostas e todas as soluções.

Tenho uma família ruim e não aguento mais estar com eles. Eles atrapalham, ficam criticando tudo que faço. Pretendo me mudar de cidade só para me afastar deles. Você acha que essa é a melhor solução?

Faça o que você tem vontade de fazer, mas enquanto você ficar responsabilizando os outros pelo que lhe acontece de ruim, sua vida não dará um passo. Não adianta mudar de cidade, de casa, de família. Se você não mudar suas crenças e atitudes, no novo lugar vai atrair tudo novamente, porque são nossas crenças e atitudes que determinam nosso padrão energético, que faz com que atraiamos certas pessoas para nosso convívio. Semelhante atrai semelhante.

Na verdade, essas pessoas estão fazendo um bem pra gente, pois vêm nos mostrar nossos pontos fracos. Faça a sua parte consigo que à sua volta tudo muda. Ninguém muda ninguém agindo nas pessoas, mas consegue agindo em si. Os espíritos das pessoas compreendem isso e provocam as transformações. Cada um é cem por cento responsável por tudo de bom ou de ruim que acontece em sua vida, até o tipo de família, porque tudo gira em torno das crenças e atitudes. Os outros não são responsáveis por seus problemas nem por suas realizações.

Eu leio muito sobre espiritualidade, faço seus cursos, mas parece que as coisas no campo familiar pioram cada vez mais. Faço de tudo pra minha família, pro meu marido e, quanto mais faço, menos eles consideram, menos eles reconhecem. Meus filhos me desrespeitam, meu marido muitas vezes me humilha. Gostaria de saber onde estou errando.

Isso acontece porque você é humilhável. Só é humilhado quem é humilhável. Só é desrespeitado quem não se respeita. Eles estão certos. Só estão fazendo o que você está mandando com suas atitudes. Porque você se desconsidera o tempo todo e assim é desconsiderada, pois a vida nos trata do jeito que nos tratamos e não como tratamos os outros. Porque você dá muita importância para o que os outros acham e pensam de você.

Porque você costuma dizer "sim" quando precisa dizer "não", a fim de obter apoio, atenção, consideração. Porque você espera dos outros. Os outros não são responsáveis pelo que ocorre em sua vida. Só você. Eles apenas são companheiros de jornada e estão procurando lhe mostrar seus pontos fracos. Estão querendo mostrar o que você anda fazendo contra si. Só aprender não basta. É preciso pôr em prática. Por que você não impõe suas vontades? Por que você contemporiza? Por que faz tudo pra eles como se fosse uma empregada? Coloque-se no seu lugar que a vida a colocará também.

As críticas da minha irmã me incomodam muito. Às vezes a gente quase se agride fisicamente.

Quanto mais você dá importância ao que ela fala, mais você perde o poder e fica dependente dela. Se ela age assim, é porque tem retorno de você. Não ligue, não responda, mantenha-se neutra. Aproveite e desenvolva a virtude da neutralidade. Sabe aquele político que beija todo mundo contra sua vontade em época de campanha? Ou aquele médico que trabalha com cirurgias e não se impressiona com o que vê? Com o tempo, sua irmã vai perceber que está falando à toa e para. Seja superior. Não a trate com a mesma moeda.

"Não podemos e não conseguimos mudar as pessoas para satisfazerem nossas vontades."

RELACIONAMENTO PROFISSIONAL

Sou novo na empresa onde trabalho, gosto do que faço, estou satisfeito com o salário e com o lugar, mas não consigo aceitar certas pessoas. Suas atitudes me incomodam e me tiram a concentração. Não gostaria de mudar de emprego. Como devo proceder?

Aceite as pessoas como elas são, não entrando na energia delas. Se você ainda não ocupa um cargo de comando para poder dar ordens, precisa obedecer, já que é impossível mudar os outros. Isso é humildade. Aceite que as pessoas têm o direito de ter as atitudes que tiverem, desde que não interfiram no seu trabalho. Também acho que não adianta mudar de emprego se continuar com a mesma cabeça.

Sou professora e gosto muito do que faço, mas parece que os piores alunos, em todos os sentidos, sempre caem na minha sala. Como faço pra lidar com essa situação?

Se você não fosse professora, também teria atraído as experiências com outras pessoas do ambiente de trabalho. Portanto, não adianta mudar de profissão se continuar com as mesmas crenças e atitudes, com a mesma cabeça.

Temos crenças e atitudes arraigadas no nosso subconsciente que emergem a qualquer momento, apesar de nosso humor, conforme a vontade do espírito. Procure conhecer suas sensações e crenças, pois esses são os elementos poderosos que a auxiliarão. Procure ter a humildade de estudar em que área de sua vida você não está fazendo o seu melhor. Normalmente é por escutarmos a opinião dos outros que deixamos de fazer o nosso melhor. A gente atrai as experiências, inclusive os familiares, a mando do espírito, pra desenvolver virtudes, faculdades, habilidades, enfim, para evoluir, muito embora a mente não aceite. Procure verificar como você está se desvalorizando, como está sua autoestima. Você se critica muito? Não se aceita como é? Diz "sim" quando precisa dizer "não"? Respeita sua individualidade? Você se põe em outro lugar que não seja o primeiro? Dá muita importância pra opinião dos outros? Faz gracinha para o mundo pra ter atenção, apoio, aplauso, amor, carinho, consideração? Tudo isso que deseja dos outros, faça para si. Tenho certeza de que você começará a atrair pessoas agradáveis para seu convívio.

Há certas pessoas que me causam irritação, no trabalho principalmente. Como posso fazer pra não sentir isso?

Nada disso é seu. O que é seu é o ponto fraco de deixar que as energias dos outros lhe atinjam.

Procure desenvolver a neutralidade e a posse de si, tendo consciência de que as pessoas agem do jeito que sabem e que não podemos fazer nada para mudarem. Só conseguimos mudar a nós mesmos.

Estou trabalhando numa empresa em que me incomodam demais a maneira autoritária como tratam os funcionários e a forma como empurram trabalho pra gente fazer. É uma empresa de futuro, mas, onde estou, não gosto do que faço. Fico muito irritado, com a cabeça pesada. O que devo fazer nessa situação?

Se você tem uma tarefa no trabalho, você precisa executá-la. É função e responsabilidade sua. Não há outro meio, já que você é dependente do empregador. Vai ter de fazer o que a empresa exige. É o preço a pagar. Terá que se submeter. Nessas ocasiões, procure fazer da melhor forma possível, desencucado, sem ansiedade, colocar sua criatividade, mostrar seu interesse, dar opiniões. Agora, se você não gosta do que faz, é outra história. Procure saber o que você gosta de fazer e invista nisso. A vontade é a voz do espírito dizendo: "é por aí". Só tem sucesso quem tem ousadia e coragem. Quando se faz o que gosta, a cabeça está sempre fresca. Aliás, a pessoa nem precisa de férias, porque o trabalho é uma diversão.

RELACIONAMENTO SOCIAL

Parece que só atraio companhias desagradáveis. Como faço pra atrair companhias boas?

É nosso padrão energético que nos faz atrair a qualidade das companhias. Cada um é responsável por tudo que atrai em sua vida. Até as companhias. As pessoas se aproximam de nós não pra prejudicar, mas para nos mostrar nossos pontos fracos, pra mostrar o que estamos fazendo contra nós, ou, no caso de pessoas agradáveis, para também percebermos o quanto de bom estamos fazendo pra nós. O que você quer mostrar tanto para os outros? O que você tanto quer dos outros? Carinho? Atenção? Apoio? Aplauso? Consideração? Faça isso tudo pra você. Seu padrão energético vai ficar de qualidade e só vai atrair companhias boas. Não conseguimos mudar os outros, mas a gente, sim. É trabalhando em você que você muda os outros e, de repente, aquela companhia que você achava desagradável pode até surpreendê-lo.

Por que atraio tanta confusão e tantas pessoas briguentas na minha vida? Não sou uma pessoa briguenta, mas quando pisam no meu calo, sai de baixo.

A vida trata você como você se trata. Você atrai toda essa confusão, essas brigas, porque briga muito com você. Você se critica o tempo todo. Não enaltece os pontos positivos que tem, mas dá importância para os negativos. Só sofre de rejeição quem se rejeita. Aceite-se do jeito que você é. Aquilo que você deseja dos outros, faça pra si, como se dar carinho, amor, consideração, atenção, apoio. Seu padrão energético vai melhorar tanto quanto seus relacionamentos, pois é a qualidade de energia da pessoa que aproxima ou afasta os outros.

120

Tenho muita dificuldade em dizer "não" para as pessoas, principalmente para o meu namorado. Gostaria de ter coragem de dizer "não".

A coragem você só vai adquirir praticando. Puxando a coragem, por menor que seja, de dentro de si e entendendo que um "não" é o melhor pra ambas as partes. Diga "não" e banque sem ficar se justificando. Não aceitar um "não" e não saber dizer "não" é puro orgulho. É medo da opinião alheia, é fazer gracinha pra poder agradar e ter a consideração dos outros, já que não se considera. É medo da rejeição. As pessoas não vão te rejeitar por dizer "não". Ao contrário, elas vão respeitar você cada vez mais.

É dizendo "sim" pra agradar que as pessoas com o tempo vão perceber e rejeitar você. Desenvolva o hábito de dizer "sim" e "não" quando lhe convém.

Não gosto de certas pessoas, inclusive alguns familiares. Isso não é falta de amor ou egoísmo de minha parte? Não dizem que a gente tem que amar as pessoas incondicionalmente? Algumas pessoas gostaria até que ficassem distantes, pois são desrespeitosas. Por outro lado, gostaria de ter mais companhias boas.

Ninguém é obrigado a amar ninguém. O amor tem que ser espontâneo. Isso não significa que você possa odiá-la, porque o ódio que nutrimos pelos outros só prejudica a nós mesmos. Você não é obrigada a gostar de todo mundo. Há certas comidas de que você não gosta. Você gosta mais de uma cor que de outra. Não existe amor incondicional. No mínimo a pessoa ama pra se sentir bem, o que já é uma condição. Tudo no universo é troca. Não vá contra seus sentimentos, sejam de que tipo forem. Querer os outros longe de si não é egoísmo, mas autorrespeito. Agora, você quer ser respeitada? Quer ter companhias agradáveis? Primeiro se respeite. Nas situações difíceis, seja você sua companheira, não se lamentando, não desejando a presença do outro.

Respeitar-se é aceitar-se do jeito que é, é não se criticar, é não se abandonar pra ajudar o outro, é não desejar o apoio, a consideração, a atenção, o amor, o carinho dos outros. Faça tudo isso para si que eles retribuirão da mesma forma.

Você diz que é pra gente se sentir bem com a gente mesmo. Então, estão certas essas pessoas que se isolam da sociedade em busca da paz?

Quando digo que é pra gente se sentir bem com a gente mesmo, não quero dizer que é pra ficar sozinho. A companhia, um bom relacionamento, é sinal de prosperidade. Ninguém foi feito pra ficar sozinho, a menos que queira, que goste. Eu disse que é pra se sentir bem consigo mesmo sozinho ou na companhia de alguém. É uma postura interior. Aliás, quando a pessoa se sente bem consigo mesma independentemente dos outros, sua energia atinge um padrão de qualidade tal que passa a atrair mais e mais pessoas interessantes para seu convívio.

Sinto que as pessoas não me dão atenção. Quando falo, ninguém me ouve. Se saio à noite, meus pais não estão nem aí pra mim. Nem namorada eu consigo. Gostaria de ser mais considerado.

Só não é considerado quem não se considera. É que você se acha uma coisinha pequena. Como não se valoriza, procura o valor dos outros. A vida nos trata da forma que nos tratamos. Quando você não se importa consigo, as pessoas também não se importam, a não ser tendo pena de você. Aquilo que você deseja dos outros, faça para si, como amor, carinho, apoio, atenção, consideração. Assim, seu padrão energético vai ser de boa qualidade e não há quem não considere e não goste de estar com uma pessoa nutritiva.

Eu me sinto muito sozinho, apesar de ter uma família, uma namorada e colegas de trabalho. Por que acontece isso?

Você acha que os outros preenchem a sua vida. Isso é uma das maiores ilusões. Ninguém preenche ninguém, nem completa, porque cada um já é completo. É muito bom ter a companhia das pessoas. Mas as pessoas vêm somar e, quando se vão, não levam pedaços da gente, porque continuamos inteiros pra atrair novas companhias. O problema é que você não gosta da sua companhia. Se gostasse não sentiria esse vazio.

ATITUDES COMPORTAMENTAIS

Ajuda; perdão; amor; paixão; egoísmo; culpa; arrependimento; revolta; medos.

125

Eu só faço o bem para as pessoas e parece que só atraio coisas ruins. Sinto-me impotente, fraca, as pessoas não reconhecem meu trabalho, sinto-me abandonada e a vida não tem mais graça. O que preciso fazer para me sentir mais viva?

A vida a trata como você se trata e não como você trata os outros. Se você está contra si, tudo é contra. A vida só está obedecendo ao que você está ordenando. Você se abandona, os outros a abandonam. Só é abandonado quem se abandona. Só é desvalorizado quem se desvaloriza. Sua energia está tóxica. Quando você se aceitar do jeito que você é, quando você parar de se criticar, quando você parar de ser boazinha pra ter a atenção dos outros, quando você parar de se comparar, quando você respeitar sua individualidade, quando você se valorizar, tenho certeza de que tudo vai melhorar. Aquilo que você deseja dos outros, como amor, atenção, carinho, consideração, apoio, proteção, dê a você. Seu padrão energético vai subir, sua autoestima vai subir, sua energia vai deixar de ser tóxica pra ser nutritiva, então, além de atrair coisas boas, vai atrair pessoas que gostam de você, porque ninguém gosta de quem tem energia tóxica. Todo mundo adora quem tem uma energia nutritiva. É o padrão energético que atrai e repele as coisas boas e as pessoas agradáveis.

Gosto muito de ajudar as pessoas, mas às vezes fico pensando se realmente vale a pena. Algumas não reconhecem e são até mal-educadas. Como faço pra lidar com essas pessoas, como é o caso de meu irmão?

Antes de mais nada, ajudar não é assumir. Para ser uma verdadeira ajuda, há uma ciência. Primeiro, a pessoa precisa querer sua ajuda, senão é falta de educação, como você disse. Segundo, precisa ter vontade de ajudar. Terceiro, dar o que a pessoa pede. Se alguém pedir pinga, dá pinga e não um sermão, ou, então, diga "não". Quarto, não se sacrificar pelo outro, porque a vida entende que, quando você tira de si e dá para o outro, lhe obedece e tira de você, pois a vida trata a gente como a gente se trata. Ajudar é bom, mas as duas partes precisam ganhar. Se uma das partes perde, já não interessa pra vida. Quinto, dar se estiver sobrando. Não se pode tirar de si. A ajuda com interesse de aplauso, de consideração ou com a intenção de ganhar o céu porque Deus está vendo, é orgulho, uma ajuda falsa que só prejudica quem ajuda e quem é ajudado. Sexto, não ajudar por pena, piedade ou dó. Ajudar porque gosta de ajudar. É preciso ter consciência de que a pessoa, por mais necessitada que esteja, tem um espírito divino consigo que tem todas as soluções e que Deus não errou com ela. Se ela está passando por aquela situação é porque seu espírito quer, para desenvolver alguma virtude, faculdade, habilidade nela. Isso é compaixão.

Jamais tenha pena ou dó de alguém. Isso é pretensão, achando que Deus errou com essa pessoa. Todo mundo tem o mesmo potencial. Nesse aspecto ninguém é mais nem menos que ninguém, apenas alguns desenvolvem mais esses potenciais que outros.

Não me sinto bem sendo gorda. Não queria nada da vida pra ser feliz, apenas ser magra. Meu maior sonho é ir à praia de biquíni.

Se você esperar emagrecer pra ser feliz, pode tirar o cavalo da chuva. O problema não está no seu corpo, mas na sua cabeça. Mesmo que consiga emagrecer, vai procurar outra encrenca pra se preocupar. Enquanto você ficar contra seu corpo, ou seja, contra si, mais gordura arruma para se defender. Aceite como você é, vá nadar de biquíni e deixe os olhos e opiniões dos outros pra lá. O que os outros pensam de você só interessa a eles. Seja natural. Aposto que, quando você parar de brigar com seu corpo, e parar de dar importância aos outros, vai começar a emagrecer.

Não tolero pessoas invejosas, e na minha família há tantas... Como controlar isso?

113

E daí? Deixe as pessoas invejosas serem invejosas. Por que você se preocupa com isso? Por que a inveja afeta você? Esse é um ponto fraco seu. Poupe sua energia para coisas mais importantes. Cada um está aí pra ser o que pode ser. Agora, se você entra na delas, o problema é seu.

O que preciso fazer pra não sofrer de solidão?

Se ligue na sua alma, se ligue em você. Só sofre de solidão, de tristeza, quem está distante de sua alma. A solidão não é a distância que sentimos dos outros, mas da gente. Você pode estar na companhia de uma multidão e sentir solidão, mas se estiver na sua companhia junto com a alma, não sentirá solidão, mesmo estando sozinha.

Como faço pra deixar de ser a coitada? Sempre foi assim desde a infância. Ouvia muito dos mais velhos frases do tipo: "Coitadinha dela! Deixe que o irmão dela faz... Ela é tão fraquinha".

Faça assim: acomode-se num lugar tranquilo, relaxe a mente e o corpo, volte lá na infância para as cenas e fatos marcantes em que você se sentiu uma coitada. Vivencie de novo aquilo. Depois, só visualize a cena como se você a estivesse assistindo.

Diga pra si mesma: "É só um teatro, não é verdade. Não sou essa coitada. Agora vejo com clareza que tudo foi fantasia e eu acreditei. Eu abençoo todos os envolvidos, ninguém tem culpa de nada, nem eu. Todos fizemos o que sabíamos na época. Agora, na lucidez, eu vejo que sou só poder, que sou dona da minha vida. Eu, conscientemente, libero essas pessoas e mato essa coitada que é pura ilusão. Todo poder está em mim. Eu confio no meu espírito que tem todas as respostas e todas as soluções".

Fico muito mal quando não consigo ajudar uma criança ou até um bebê. Isso é normal?

Não se preocupe com isso. Faça apenas o que estiver ao seu alcance. Confie no espírito da criança, que tem sabedoria infinita para saber o que é bom pra ela. Aprenda a ver bebês e crianças não como seres indefesos e frágeis, mas como espíritos adultos, talvez até mais sábios e desenvolvidos que você. Quer ajudar? Ajude você, que assim terá energia boa e todos à sua volta ganharão e aprenderão.

Minha esposa não tem saúde boa, depende de minha ajuda.

Peço que ela mude certas atitudes, mas às vezes ela não aceita meus conselhos e até fica brava comigo. Como devo proceder com ela?

Está tudo certo. Não conseguimos mudar os outros, a menos que eles queiram. Mude você. Continue fazendo o que sente que precisa fazer, o que estiver ao seu alcance. Essa é a melhor forma de ajudar você e sua companheira. Faça isso e tudo vai melhorar.

Sinto muita preguiça e certa fraqueza que me tiram o ânimo para fazer as coisas. Como faço pra ter mais disposição?

A preguiça é um aviso do corpo de que algo está faltando. Quem faz o que gosta nunca sente preguiça. Está sempre animado, disposto, entusiasmado e envolvido com o que faz. Pode ser também captação de energias densas ou alguém vampirizando suas energias. Você dá muita importância à opinião dos outros? Você responsabiliza os outros pelo que ocorre de bom ou de ruim com você? Você se critica muito e se valoriza pouco? Essas atitudes são ralos por onde suas energias são sugadas. Procure dar mais importância pra si e menos para os outros. Coloque-se sempre em primeiro lugar. Pare de fazer o papel de boazinha, dedicada e certinha.

Pare de querer apoio dos outros. O que você desejar dos outros faça pra si, como atenção, apoio, amor, carinho, consideração. Assim, sua energia não se vai e você fica nutritiva.

Toda vez que tento ajudar minha filha de dezessete anos, em diversos aspectos, ela recusa minha ajuda dizendo que sabe o que está fazendo. Por exemplo, sei que ela anda saindo com companhias nada recomendáveis. Fico preocupada, pois sei no que pode dar isso. Como posso fazer com que ela caia em si pra não se machucar depois?

E ela está certa. Sua filha já tem idade suficiente e sabe muito bem o que está fazendo. Pare de brigar com sua filha porque você está correndo o risco de arrumar uma inimiga dentro de casa. Ela sabe muito bem se ajudar. Se ela pedir um conselho, alguma ajuda, você faz o que sabe, mas, se não pedir, não se intrometa na vida dela.

Sou tímido e isso me prejudica em tudo, principalmente na parte afetiva e profissional. Como faço pra perder a timidez?

Timidez é puro orgulho. É medo do que as pessoas vão achar a seu respeito. A timidez é uma mania fácil de se livrar, pois mostra que sempre estamos nos pondo para baixo. É uma fantasia negativa. Acreditarmos que somos menos é, no mínimo, ridículo. Somos diferentes e somos especiais por isso. Você precisa parar de pôr os outros lá em cima e você lá em baixo. Isso também afeta a sua vida profissional e afetiva. Tudo fica difícil e acaba por dar errado. Comece hoje a se pôr pra cima e os outros pra baixo, como um exercício em sua mente. Logo se sentirá melhor. Se sua mente continuar querendo fazer você se sentir mal, dê um pito nela e mande-a calar a boca. Toque em frente, pois há muitas coisas boas pra quem se põe no melhor. Timidez é orgulho, o contrário da humildade. Humildade é aceitar-se do jeito que se é, sem se importar com a opinião dos outros. Não fique contra você. Respeite sua individualidade. Faça do seu jeito. Quando você é você, seu padrão energético sobe e você atrai pessoas agradáveis, porque o que vale não é o papo, mas a energia. Todo mundo gosta de se aproximar de quem tem uma energia boa. O afeto, o carinho, o amor não vêm com o papo, mas com o padrão energético. O papo às vezes funciona à primeira vista, mas não se sustenta. Logo acaba. O relacionamento duradouro, gostoso, se efetiva com a energia boa. Goste de você, do seu jeito de ser, que é único, bonito e individual. Largue a timidez pra lá. Seja ousado, seja do seu jeito que você vai ver que o papo vai rolar.

Me incomoda demais quando alguém fala certas coisas de que eu não gosto, principalmente quando é da minha pessoa. Não queria me incomodar tanto. Como faço?

Permita que as pessoas digam o que bem entenderem. Se se sentir agredida, faça o que estiver a seu alcance na hora, senão, desvalide: "Ah, isso é bobagem! Não é pra mim". Diga constantemente: "O que o outro fala e pensa de mim só interessa a ele". Com esse exercício você desenvolve a neutralidade e, com o tempo, o que o outro falar vai entrar por um ouvido e sair pelo outro, ou melhor, deixarão de falar de você.

Uma amiga me disse que você falou que paixão é uma doença. Então não é bom a gente se apaixonar?

A paixão é uma doença que judia muito de nós. Quando perdemos um pedaço de nossa alma em experiências dramáticas, temos o hábito de ver esses pedaços nos outros. Assim, deusificamos as pessoas, ou o que vemos nas pessoas, e sentimos uma atração dolorosamente forte para ter o que vemos nela. Paixão é nos amarmos nos outros.

Quando ela passa, olhamos a pessoa admirados, sem saber como podemos estar apaixonados por ela, que não tem nada a ver conosco. Se a paixão for muito forte, necessitamos de ajuda terapêutica.

Pondo em prática as coisas que aprendo com você, sinto que estou sendo menos emotivo e não estou mais me preocupando tanto com as pessoas. Percebo que estou mais frio com elas. O que você acha disso?

É um bom sinal deixar de ser emotivo e não se preocupar com as pessoas. O sentimentalismo não tem nada a ver com sentimento. Você está deixando de ser sentimentalista. O sentimentalismo é uma doença. Quando uma pessoa é fria, não significa que ela não tem sentimentos. Significa que ela deixou pra lá esse monte de asneiras que chamam de sentimentalismo que só atrapalham a vida. Quando o sentimentalismo sai, abre espaço pra virem os sentimentos, esses sim são benéficos, nutritivos e duradouros, porque vêm da alma, como a compaixão, a serenidade, a mansidão, a alegria, a gratidão, a paz, o carinho, o amor, o afeto etc. Você pode, aliás, deve ficar frio de sentimentalismo, mas nunca de sentimento. Enquanto os sentimentos vêm da alma, o sentimentalismo vem da cabeça, que é cheia de fantasias e ilusões.

Os sentimentos dão alegria e prazer, enquanto o sentimentalismo provoca dor e sofrimento.

Você diz pra gente ficar neutro perante situações densas. A gente não acaba sendo desumano e perdendo o sentimento agindo assim, como, por exemplo, quando perdemos alguém?

Quando você fica neutro, não quer dizer que você se torna insensível. É não se envolver emocionalmente na situação, como um médico faz quando realiza uma cirurgia. O que você chama de sentimento, na verdade, é sentimentalismo, que é pura babaquice. Quando você fica neutro diante das diversas situações, surgem os verdadeiros sentimentos da alma, que são o amor, a compaixão, a paz, a compreensão, a lucidez, o ânimo. Desumano é ficar no sentimentalismo. O sentimentalismo dói, enquanto os sentimentos dão prazer e alegria. O médico, por mais difícil e dramática que seja uma cirurgia, quanto mais neutro ficar, mais eficiência e sucesso terá, e nem por isso deixa de amar, de ter compaixão, enfim, de ter sentimentos.

Sinto uma vontade muito grande de me vingar de uma pessoa. O que você tem a dizer a respeito?

Você pode controlar esse desejo de vingança. Assim que vier à mente, rechaça de cara e abençoe a pessoa. Com o tempo, seu espírito vai aprender e esse desejo vai acabar. Não há sentido na vingança, uma vez que cada um, junto com o espírito, é cem por cento responsável por atrair tudo de bom ou de ruim na sua vida. Cada qual atrai as experiências que precisa para evoluir. Do ponto de vista da espiritualidade, não há inimigos, não há adversários, não há malfeitores, mas companheiros de jornada que vêm nos mostrar nossos pontos fracos. Se você assimilar esse ensinamento, vai deixar de querer mal aos outros e guardará suas energias pra utilizar em algo mais construtivo. Quando você deseja o mal pra alguém, seu poder vai junto e você fica ligada à pessoa, atraindo toda espécie de energia negativa e facilitará a atração de obsessores. O mal segura, o bem liberta. Então, abençoe os fatos, os envolvidos. Abençoar é jogar o bem naquilo. Com o tempo, você vai perceber como sua vida vai ficar mais leve.

Como é valorizar-se? Pergunto isso porque andei perdendo uns bens e você diz que a pessoa que não se valoriza acaba perdendo aquilo a que ela dá valor.

Você atrai tudo em função de suas crenças e atitudes. Quando se perde bens significa que a pessoa está se desvalorizando. Procure não se criticar, não se julgar, não se importar com o que os outros dizem a seu respeito. Procure ser sincero com os seus sentimentos e respeitar sua individualidade. Procure dialogar e se impor. Procure não contemporizar. Procure dizer "não" quando necessário e bancar sem ficar no arrependimento e na culpa. A sinceridade com você mesmo consegue tudo. Isso é respeitar-se, isso é valorizar-se, e o espírito sempre apoia quem se respeita e se valoriza. A vida trata você do jeito que você se trata. Se você disser "sim" para os outros e "não" pra você, é assim que a vida vai te tratar: "não" naquilo que você deseja. Se você se valoriza, a vida lhe traz valores.

Já fiz de tudo para emagrecer. Consigo algum resultado, mas volta tudo de novo. Já estou desanimada. Não suporto mais falar em regime. O que você me aconselharia para emagrecer e permanecer magra?

Engordar ou ter tendência à obesidade é o resultado de colocar as pessoas demais dentro de si. Queremos assumir o ambiente e as pessoas sendo úteis demais, bons demais, certinhos demais.

Isso é resultado de termos o nosso centro referencial nas pessoas e a elas darmos todo o valor. O centro certo é em nós, em nosso espírito. Nascemos para nos fazer felizes, o que equivale a fazermos o que gostamos e sentimos como bom, nunca o que os outros querem ou necessitam, sem levar em conta o que realmente sentimos. Pare de assumir os outros, busque o que sente e assuma só para você que vai emagrecer naturalmente.

Como faço para descobrir minha vocação? Estou em dúvida porque não gosto da faculdade que fiz.

Seu espírito não gosta de fazer o que você não gosta. O espírito gosta de trabalhar no que lhe dá prazer, satisfação e realização. Se a pessoa faz o que gosta, o espírito dá o maior apoio e ela terá sucesso naquilo. Nem precisa tirar férias porque trabalha se divertindo. Procure, lá no seu íntimo, verificar o que você realmente gostaria de ser e fazer e vá atrás. A vontade é a voz do espírito dizendo: "É por aí". Não precisa ser coerente com aquilo que você estudou.

No passado tomei uma atitude errada na minha vida quando pedi demissão de um emprego público. Fico até revoltado com isso, que fica martelando na minha cabeça o tempo todo.

Como faço para me livrar disso? Ouvi você dizer que é pra gente não se conformar com certas coisas. Também não me conformo porque minha vida anda emperrada.

Não existe essa coisa de certo e errado. Deus não erra. Seu espírito não erra, já que ele é a ligação com o divino. Tudo, absolutamente tudo, tem um propósito, que muitas vezes foge ao nosso entendimento. Deus está em tudo, através do espírito, nos seus atos, nos atos dos outros — bons ou ruins —, nas coisas, no mundo lá fora, em você. Então, tudo o que ocorre está certo, já que Deus tem sabedoria infinita e o permite. Neste aspecto é bom se conformar. Por isso, tudo que você fez e por que passou foi perfeito, pois foi de acordo com o que você sabia na época. Nunca poderia ser diferente. Adianta se revoltar? Isso só o prejudica e o segura. Isso não quer dizer que você não precisa fazer nada no presente se aparecer algum fato semelhante. E, mesmo que não fizer nada, está certo, desde que você não se cobre por isso. Faça o que estiver ao seu alcance no presente, pois só o que conta é o agora. Não conseguiu? Deixa pra lá. Conforme-se, sem revolta. Quando digo que é pra gente não se conformar, estou falando do presente, quando se pode fazer algo a respeito pra mudar; por exemplo, não se conformar com o pouco, com o mais ou menos, com o pior. Jamais se culpe pelo que fez ou não fez, jamais se julgue, jamais se critique.

Diga sempre: "Tudo que fiz foi perfeito, pois é obra do meu espírito em mim e era o que eu sabia". Com essa postura, sua encucação vai acabar e tudo lá fora começa a fluir e se organizar, pois você deixa de alimentar negativamente aquilo que o está prendendo e não deixando sua vida melhorar. É um tipo de conformismo dinâmico, ativo, e não passivo.

Sou gorda e não acredito que exista alguém gordo que esteja de bem com seu corpo. Sempre tem um engraçadinho falando isso, aquilo. É claro que a pessoa vai se afetar.

Nem toda pessoa gorda é afetável. Há pessoas gordas que gostam de si e estão bem, porque estão pouco se lixando pra opinião alheia, enquanto outras que são magras estão na pior. Tudo é relativo e depende dos valores interiores. A felicidade não depende de motivos externos. A autocrítica é o pior mal, é uma agressão violenta que faz a alma se retrair, impedindo-a de se manifestar. Alegria é coisa da alma.

Tenho muita raiva de uma pessoa que me enganou e me fez de boba. Enquanto não me vingar, não vou sossegar. Ela vive me provocando. Como a gente deve proceder com esse tipo de pessoa?

Já foi, já aconteceu, deixe pra lá. Para que revidar? Só é feito de bobo quem se sente bobo. Deixar pra lá não é se fazer de bobo, mas uma atitude inteligente. O resto é orgulho ferido que traz mais dores. Se ainda não aconteceu, você vai usar das armas inteligentes que tiver no momento pra se defender. Seja mais elegante espiritualmente. Se você responder no mesmo nível, estará se igualando a ela. Não ligue para as provocações. Quando você deixar de se importar com as provocações, elas começarão a ser cada vez menores em sua vida, até desaparecerem. Quanto mais você se importa, mais fortes elas ficam. Outra coisa, por que será que você está sendo provocada? As pessoas não se aproximam da gente por acaso. Se a atingiu, é porque aí tem um ponto fraco seu. As pessoas se aproximam de nós pra mostrar nossos pontos fracos e também pra enaltecer os fortes. No fundo ninguém quer agredir ninguém, apenas quer informar. Mude seu ponto de vista para: "O que os outros pensam e falam de mim, só interessa a eles".

Você diz que é para deixar o passado pra lá a fim de não ter influência no presente. E como ficam as consequências de vidas passadas?

O passado só tem influência pra quem está preso nele, pra quem acredita nele. Pra quem o desvalida, ele perde a força e o poder, não importa se foi nesta vida ou em outras.

Não é o passado que cobra, mas a cabeça da pessoa. O passado é pura ilusão, assim como o futuro. Só o presente é real. Diga constantemente, com convicção: "O passado não tem poder sobre mim, pois é pura ilusão. Tudo que fiz foi perfeito, de acordo com o que eu sabia na época".

Estou trabalhando numa empresa de que gosto, o serviço não é ruim, a remuneração é boa, e eu não gostaria de deixá-la, mas não me sinto realizado. Por quê?

Talvez você sofra de "tenho que" para tudo. Assim, tudo vira uma obrigação e você perde o tesão, o prazer e o gosto que lhe dariam o sabor da realização. Tudo o que fazemos é porque temos nossas razões e sentimentos. Não somos máquinas de fazer coisas. Não são as tarefas ou o quanto você trabalha, pois tudo isso pode ser muito interessante, mas sim o modo como sua mente aprendeu a funcionar. Reeduque-se e recuse a tratar qualquer coisa como obrigação, buscando ficar consciente de seus sentimentos e razões para tudo o que faz.

Não tive a sorte de nascer numa família com recursos. Tudo era muito limitado e meu pai era muito rígido. Às vezes, por coisinha boba, eu apanhava de cinta.

Minha mãe também me batia, mas era com menos violência. Hoje acho que sofro as consequências da infância e tenho muita raiva do meu pai. Não me lembro dele fazendo carinho em mim, enquanto a minha irmã era o xodozinho dele. Como faço pra tirar essa raiva de mim?

O acaso, a sorte e o azar não existem, assim como não há vítimas. Tudo a gente atrai, até o tipo de família, conforme nossas crenças e atitudes, muitas vezes trazidas de outras vidas. Geralmente as pessoas ficam paradas na infância e não amadurecem. Volte à infância, vá lá e verifique onde e como você foi contrariado. Visualize a cena e procure liberar as pessoas que você julga que o prejudicaram, pois elas fizeram o que sabiam na época. Imagine essas pessoas envoltas em uma bola azul, rindo enquanto a bola sobe até desaparecer no céu. Libere você também, aceitando que tudo foi perfeito, que não era pra ser de outro jeito. Foi seu espírito que atraiu suas experiências para poder desenvolver alguma virtude, qualidade, faculdade. Tudo está certo. Da mesma forma, hoje se aceite como você é e não procure atenção nem apoio dos outros. Apoie-se em você. Pare de se criticar, de se julgar inadequado. Você é perfeito do jeito que é. Em vez de desejar carinho, amor, atenção, consideração, apoio dos outros, faça pra si. Assim seu padrão energético vai melhorar e sua sociabilidade também, porque as pessoas vão querer sua companhia.

150

Minha vida está emperrada. Gostaria de ser uma pessoa normal como todas as outras, tanto na vida profissional como nos relacionamentos.

Não queira ser normal. Seja natural. É exatamente por querer ser normal que sua vida fica emperrada. O que mais agrada ao espírito e faz as coisas acontecerem é seguir sua individualidade, pois cada um é único, diferente. O primeiro passo é aceitar-se do jeito que você é. Não há nada de errado com você. Apenas sua cabeça acha que há. Enquanto você se sentir errado, inadequado, querendo se corrigir, sua vida não vai pra frente. Aliás, só vai pra trás. Diga: "Sou perfeito do jeito que sou. Sou único, individual. Tudo que faço é perfeito. O que o outro acha de mim só interessa a ele".

151

Tenho muita pena das pessoas que sofrem. Como faço pra não sentir tanta pena dos outros?

É só parar de ser dramática. Pare de querer corrigir Deus. O que acontece é porque Deus permite e tem um propósito para aquilo, senão seria Ele o primeiro a evitar. Essa pena só prejudica ainda mais, porque você joga energia negativa naquilo. Cuide mais da sua vida e deixe os outros com as experiências que eles precisam passar.

Só assim você os ajuda. Não há vítimas, mas pessoas que ainda não sabem usar seu infinito potencial.

Eu percebo que às vezes magoo meu pai e minha mãe e depois fico com culpas. Você acha que devo pedir perdão a eles?

Não adianta pedir perdão aos outros. Mesmo que o outro diga que o perdoa, você ainda vai ficar com certo ressentimento. Você precisa é se perdoar. Você precisa aprender que cada um é responsável pelo que acontece consigo de bom ou de ruim. Pare com esse orgulho bobo e viva sua vida normalmente. Cada um, junto com o espírito, é cem por cento responsável pelo que de bom ou de ruim acontece consigo. A gente atrai as situações pra aprender. Por isso o perdão não faz sentido. Ninguém erra com você. Abençoe seus pais e esqueça isso.

Acho que estou pagando pelo que aprontei no passado. Todo dia peço perdão a Deus, mas parece que não adianta nada. Você poderia me dizer o que preciso fazer pra ser perdoado?

Você é muito ruim pra você. Você tem um Deus muito cruel. Esse Deus a quem você pede perdão não existe. Não existe esse negócio de "faz paga". Você está "pagando" porque acredita em crime e castigo. E quem acredita em castigo precisa pagar. Você é seu juiz, aliás, um juiz muito rigoroso e injusto. Você é o resultado de suas crenças e atitudes. Deus não está nem aí para o que você fez. Essas culpas são da sua cabeça. Para Deus, tudo o que você fez foi perfeito, segundo seu entendimento da época, por isso Ele nem precisa perdoá-lo. Ele sabia que você ia fazer tudo isso, então por que iria castigá-lo? Então Deus é imperfeito? Quem precisa perdoar você é você mesmo, que é muito pretensioso achando que devia ter feito o que não sabia. Diga inúmeras vezes, até se sentir aliviado: "Tudo que fiz foi perfeito, tudo que faço é perfeito e tudo que farei será perfeito, porque meu espírito é perfeito e nunca erra. Só faço o que sei". Claro que não é a perfeição que sua cabeça acha, mas a perfeição que seu espírito acha, porque pra ele você só faz o que sabe fazer. Se você não parar de se criticar e de se condenar, com o tempo essas crenças e atitudes se transformarão em doenças.

Minha irmã estava na fossa e até hoje me agradece pela ajuda que lhe dei. Hoje estou na mesma situação e não estou conseguindo sair dela.

Não tenho quem cuide de mim neste momento.
Peço a sua ajuda.

Tudo nós podemos, se estivermos do nosso lado positivamente. Diante do pior, precisamos nos dar o melhor. Note que, quando uma pessoa querida está na pior, você se desdobra para ajudá-la a se pôr pra cima e sair da fossa. Mas, quando chega a sua vez, você se abandona. Você tem forças, tem capacidades, tem inteligência, mas quase sempre não dá a si mesmo. O seu apoio, a sua aceitação, o seu reconhecimento, a sua compreensão, a sua estima, a sua amizade, o seu respeito e o seu amor é que são fundamentais. Ninguém está aqui pra cuidar de você. Isso é sua responsabilidade.

Entregar-se para a vida, deixar as coisas fluírem, como você diz, não é se acomodar?

Entregar-se para a vida e deixar as coisas fluírem é a mesma coisa. É não ficar revoltada com os resultados, sabendo que a vida, que no fundo é seu próprio espírito, sabe que está fazendo o melhor pra você. É fazer o que está fazendo, viver no presente e não se preocupar com o amanhã. É confiar no seu espírito, que tem todas as soluções. É saber que tudo o que você faz é perfeito, segundo seu grau de entendimento. É não se cobrar, mesmo que você se acomode.

Acomodar-se é abandonar-se. Largar não é o mesmo que acomodar-se. É largar as preocupações. Acomodar-se é insistir nas crenças e atitudes velhas. Não se preocupe com o seu "acomodar-se", porque você não vai conseguir acomodar-se. No acomodar-se, você vai sentir que não está fazendo seu melhor, vai surgir uma cobrança crescente até ser insuportável e você vai agir. Tente ficar no sofá por dias sem fazer nada. Se você não se cobrar, tudo bem, mas não acredito. Entregar-se para a vida não é ficar sem fazer nada, mas fazer as coisas sem lutar, sem se sacrificar, sem se lamentar e sem se preocupar, na confiança de que o espírito traz resultados bons.

Não consigo gostar de certas pessoas desagradáveis. Também não consigo projetar meus sentimentos quando me encontro com elas. Como proceder nesses casos?

Essa projeção não precisa ser externa, mas do seu interior. Você pode não gostar de uma pessoa, do padrão de energia dela, mas isso não a impede de enviar-lhe uma luz, uma energia boa. A atitude é interior. Também não precisa agradá-la, fazer gracinha, fazer o que ela quer. Ninguém é obrigado a gostar, a amar ninguém. Gostar e amar são sentimentos espontâneos.

Quando não gosto de determinada pessoa, não significa que vou odiá-la, que vou colocá-la pra baixo. Fique neutra ante alguém desagradável e projete o bem para essa pessoa do jeito que você sabe.

É possível a gente conseguir se despersonalizar? Qual a diferença entre personalidade e temperamento?

Acredito que não dá pra ficar sem personalidade. Porém, há a boa personalidade e a ruim. Personalidade são os papéis que a gente usa para se relacionar e conviver na sociedade. A personalidade é aprendida, construída, modificada ao longo da vida, de acordo com a aprendizagem necessária para que a pessoa saiba lidar bem com o mundo exterior. Por essa razão, é mutável. Por exemplo, o professor tem um tipo de personalidade que ele acha adequada pra se relacionar com os alunos. Já o temperamento é uma característica do espírito e é praticamente imutável. É a qualidade do potencial espiritual em cada um. São características, dons, capacidades específicas, individuais, potenciais de qualidades que compõem a estrutura do espírito. São os dons divinos de cada um. Por exemplo, o professor tem um dom que é lecionar. Acredite sempre no seu temperamento e desconfie sempre da personalidade.

Por que de vez em quando sou acometido por pensamentos de culpa e de arrependimento?

Esses pensamentos não são seus. São influências de desencarnados que vibram no astral inferior. Eles aproveitam as brechas que a gente dá pra perturbar com esse tipo de pensamento. Essas brechas podem ser baixa autoestima, autocríticas, medos, a própria culpa etc. Se for culpa, esse seu sentimento é puro orgulho e pretensão, achando que deveria ser diferente pra fazer gracinha para os outros. Se você não parar de se preocupar com as culpas, vai acabar com doenças. Seja mais bondoso com você. Tudo o que fez foi o que você sabia. Não era pra ser diferente. Diga constantemente: "Tudo que fiz foi perfeito. Tudo que faço é perfeito, de acordo com meu grau de evolução. Não há erros no plano divino. Quem tem posse de si não tem energia negativa, pensamento negativo, obsessão, inveja que pegue. Procure aprender a ter posse de si. Não ter posse de si é quando a pessoa se abandona, é muito autocrítica, se desvaloriza dizendo "sim" quando precisa dizer "não", tem uma cabeça aberta a todos os tipos de opiniões dos outros, procura o apoio nos outros, deseja a atenção dos outros.

Só neste ano fui roubada três vezes, isso porque tomo todo o cuidado possível. Queria saber por que isso acontece com a gente?

Não adianta ter todo o cuidado se você não cuida de si. Só é roubado quem é roubável. Os ladrões procuram as pessoas roubáveis. A pessoa roubável é aquela que deixa os outros mandarem nela, inclusive nos sentimentos. Pessoa roubável é aquela que não tem posse de si, isto é, aquela que se abandona, é muito autocrítica, se desvaloriza dizendo "sim" quando precisa dizer "não", tem uma cabeça aberta a todos os tipos de opiniões dos outros, procura o apoio nos outros, deseja a atenção dos outros. Veja lá o que você está tirando de você!

Por que as pessoas precisam ser tão hipócritas? É na política, é no trabalho, nos relacionamentos...

Você anda muito preocupada com os outros e pouco com você. O que importa a hipocrisia das pessoas? As pessoas estão aí pra serem como podem ser e não como você gostaria que elas fossem. Se isso a afeta, é uma fraqueza sua. Você é muito pretensiosa em querer mudar o mundo. Você não consegue mudar ninguém. Isso é impossível, mesmo porque está tudo certo, de acordo o grau de evolução do planeta. Mude a si mesma.

Tenho muita vontade de fazer algo pra melhorar o mundo.

Acho que o mundo está cada vez pior, com muitas guerras, muita violência, muitas pessoas irresponsáveis no poder, muita degradação da natureza. Você concorda?

Não. O mundo está aí pra ser como pode ser. É o atual estágio de evolução dele. Está tudo certo, segundo um propósito divino. Você não acha que se Deus quisesse fazer um mundo perfeito, de acordo com a mentalidade das pessoas, Ele faria? Mas não faz porque está certo e perfeito do jeito que está, segundo Seus planos. Se você tiver vontade de fazer algo, faça, mas, se ficar na revolta, querendo corrigir o mundo, querendo corrigir Deus, adianto que já fracassou. O mundo não está cada vez pior. O que está piorando é sua cabeça. Se você analisar bem, vai constatar que a vida está muito melhor hoje do que há cem anos, quando não havia sequer antibiótico e uma simples gripe dizimava milhares de pessoas. Isso também é violência. Proporcionalmente ao número de habitantes do planeta, hoje o mundo está infinitamente menos violento que na Idade Média, por exemplo. Você precisa é cuidar do seu mundo. Quando você está bem consigo, tudo à sua volta melhora. Ou seja, a melhor maneira de ajudar o mundo é ajudando a si mesma.

Você diz que primeiro devemos gostar de nós, nos amar, senão a vida rejeita as coisas boas, já que ela nos trata do jeito que a gente se trata.

Mas eu gosto muito de mim e as coisas não acontecem. Por quê?

Você realmente está se amando? Dizer "eu me amo", "eu gosto de mim" não significa nada. É na prática que a pessoa mostra se se ama de verdade. Você costuma dizer "não" quando necessário, ou fica contemporizando? Prefere dizer "sim" pra não magoar o outro? Você se coloca sempre em primeiro lugar? Você respeita sua individualidade? Você respeita suas vontades? Nos momentos difíceis, você realmente é sua amiga, se apoiando, se dando carinho, ou prefere reclamar ou buscar isso nos outros? Você se critica, se julga? Você dá muita importância à opinião dos outros ou prefere ficar com a sua? Tudo isso são aspectos que mostram se a pessoa realmente se ama ou não se ama. Quando você praticar essas coisas, ninguém vai pôr você pra baixo, porque cada um está onde se põe e as coisas boas vão acontecer na sua vida.

Sou de uma família rica, sempre tive tudo, sempre tive o apoio de meus pais e nunca precisei me preocupar com nada. Meu pai morreu há alguns anos, e minha mãe, no mês passado. Estou sem chão. Tenho empregadas, mas me sinto só, abandonada. Tive uns relacionamentos amorosos, mas nenhum me interessou para um compromisso sério.

Tenho dois irmãos mais velhos que já se casaram e raramente me visitam, a não ser em datas especiais. Por favor, preciso de ajuda.

Quem se abandona, a vida abandona, pois a vida nos trata do jeito que nós nos tratamos. Você sempre viveu dependendo dos outros, mimada, e nunca se encarou, nunca se valorizou. Por isso, aos poucos as pessoas foram deixando você. Agora está só, perdeu o apoio, a consideração, a atenção dos outros. Então você cai. É a lei: quem se apoia nos outros um dia cai. Ninguém consegue apoiar, sustentar o outro. Só a gente sustenta a gente. Volte correndo pra você, para o seu espírito, que tem todas as respostas e todas as soluções.

Há um mês estou trabalhando numa empresa. Gosto do serviço e, quanto ao salário, não tenho o que reclamar. Mas o ambiente não é lá essas coisas. Algumas pessoas falam e se comportam de forma agressiva. Isso me incomoda bastante. Como lidar com isso?

Você não é obrigado a conviver com esse ambiente. Se você está aí é porque alguma vantagem ainda está tirando da situação, senão já teria deixado o emprego. A vantagem, pelo visto, é financeira.

Agora, se preferir ficar, terá que aceitar as condições, já que você ainda não desempenha um cargo de comando. É o preço a pagar. Não podemos e não conseguimos mudar as pessoas para satisfazerem nossas vontades. Desenvolva a sabedoria de não ouvir. Fique neutro e ao mesmo tempo saiba que o chefe está na ignorância dele. Se der pra interferir, interfira com inteligência, sem animosidade. Isso é compaixão. Aprenda a dizer "não" quando perceber que está sendo invadido sem razão. A gente atrai pessoas para nosso convívio muitas vezes para nos mostrar nossos pontos fracos e fortes, e assim desenvolver virtudes, faculdades, habilidades.

Certa vez você falou da angústia e da ansiedade, dois problemas que tenho. Qual a diferença entre as duas?

Sofre de angústia quem vive do passado. As colocações mais frequentes são: se eu tivesse, se eu não tivesse; por que fiz ou não fiz assim?; por que isso teve que acontecer?; eu não devia; ai que saudade! Há muita culpa, arrependimento e cobrança. Sofre de ansiedade quem vive do futuro. Será que vai dar certo? E se acontecer assim? Quanto maior a expectativa, maior a ansiedade. Em ambos os casos, tanto quem sofre de angústia como de ansiedade vive de ilusões.

Assim, o presente, que é a realidade, onde estão as soluções e a beleza da vida, é sacrificado.

Eu vivo preocupado e ansioso com o amanhã. Sempre acho que alguma coisa ruim pode acontecer. Tenho um casal de filhos e me preocupo com a vida que eles poderão ter. Acho que as coisas, como vão no mundo, têm a tendência de piorar.

Pare de ser dramático. Você vive por antecipação. Aliás, não vive. Traz todas as ilusões que estão lá no futuro, porque nada aconteceu ainda, e fica se martirizando com isso. Deixe seus filhos nas mãos do espírito deles, que tem sabedoria infinita, e poupe sua energia pra ajudá-los agora. Só o presente é real e só se constrói ou se transforma no presente. Sofre de ansiedade quem vive no futuro, nas ilusões. Essas atitudes acabam por danificar seu presente. Aí sim o futuro vai ser ruim, porque o futuro se constrói agora. Se o presente estiver ruim, o futuro também estará. Caia na real e viva seu presente. Só assim terá um presente bom e um futuro tranquilo.

Como faço pra melhorar meu padrão energético?

Goste mais de si, dê mais atenção pra si, cuide mais de si, e deixe os outros pra lá, não se responsabilize por eles. Não se critique, não se julgue, não se menospreze, coloque-se sempre em primeiro lugar, valorize-se, diga "não" quando necessário.

Sempre que marco algum encontro fico ansiosa e cheia de expectativa. Mesmo depois que consigo, continuo com essa aflição. Como faço pra acabar com isso ou pelo menos diminuir essa sensação?

Entenda que o outro não vem completá-la, porque você já é completa. Os outros vêm somar e, quando vão embora, não podem levar um pedaço da gente. Seja você sua melhor companhia. Isso não significa ficar isolada. Ao contrário, quando damos a nós aquilo que desejamos dos outros, como companhia, atenção, apoio, aí sim as companhias aparecem, pois ficamos nutritivos e o padrão energético sobe. Não há quem não queira a companhia de alguém nutritivo. Portanto, dê pra si o que deseja dos outros.

Tenho a autoestima muito baixa. Acho que sou inferior, menos capaz que os outros, muitas vezes me sinto uma coitada e acho que não vou conseguir as coisas.

Você tem algum exercício para eu mudar a minha imagem?

Visualize-se num palco e todo mundo, principalmente quem você admira, lá embaixo. Diga, sentindo no corpo: "Eu sou superior a todo mundo. Vejo vocês tão pequenos lá embaixo. Eu me coloco em primeiro lugar. Eu mereço tudo de bom da vida. Eu não sou o que penso que sou, o que me disseram, o que me ensinaram. Eu sou um espírito divino que tem todas as possibilidades. Nada, ninguém é superior nem manda em mim". Lembre-se sempre: cada um está onde se põe e a vida trata você do jeito que você se trata.

Eu tenho mania de querer agradar os outros. Você acha isso uma atitude negativa?

Querer agradar pode ser um sentimento verdadeiro do espírito, e isso é positivo. Mas na maioria das vezes é uma ordem da cabeça e, nesse caso, é inadequado. Você se condicionou a fazer tudo para agradar os outros para que eles a aprovassem, a considerassem, lhe dessem atenção, ou seja, alimentassem seu ego, e isso é negativo. Se você precisa disso, é você que deve fazê-lo e não esperar dos outros. Se você gosta de agradar os outros porque você se sente bem, e não por alguma condição, beleza, isso é positivo, é coisa do seu espírito.

Comece a praticar autorreconhecimento todo dia. Antes de dormir, passe por tudo o que fez de bom e se parabenize. Ao mesmo tempo, diga para a sua mente que não necessita dos outros, mas de si.

Tenho uma filha de três anos que é a coisa mais linda. Às vezes fico em dúvida para decidir o que é bom ou não pra ela, pra que não sofra as consequências no futuro.

Não se preocupe com isso. Confie no espírito dela, que tem sabedoria infinita para saber o que é bom pra ela; e o que ela atrair de você, é porque é o melhor pra ela. Desempenhe suas funções maternas como você sabe, já que o espírito dela atraiu você como mãe. Aprenda a ver os bebês e crianças não como seres indefesos e frágeis, mas como espíritos adultos, talvez até mais sábios e desenvolvidos que você. Quer ajudar? Ajude você, que assim terá energia boa e todos à sua volta ganharão e aprenderão.

Gosto muito de meu namorado, das minhas coisas. Às vezes eu acho que estou sendo muito apegada. Isso não é bom, né?

Seu conceito de apego está equivocado. Desapegar-se das pessoas e das coisas não é se separar delas. Apego é a ideia que você tem delas. Devolva para as pessoas o que é delas e fique com o que é seu, como carinho, afeto, amor, apoio, consideração, atenção. Faça tudo isso pra você e não espere dos outros. Fazendo isso você vai atrair pessoas de qualidade. Ninguém foi feito pra viver sozinho e não ter as coisas. Aliás, ter boas companhias e boas coisas é um sinal de prosperidade. É tudo que seu espírito quer. Você precisa rever seu conceito de apego e desapego.

Tenho um enorme complexo de inferioridade. Queria um conselho para acabar com isso ou pelo menos diminuí-lo.

Complexo de inferioridade é um mal terrível. É falta de aceitação de si próprio. É puro orgulho, pois está preocupado com a opinião dos outros. É pura falta de poder porque considera os outros superiores a si, e o poder vai para eles. Cada um está onde se põe. Uma vez que a vida trata você como você se trata, todas as coisas pra você serão menos. Quando você se põe pra baixo, a vida o diminui em tudo. Não é possível que você não veja nada de bom, nenhuma virtude, nenhum talento em você. Comece por valorizar o que você tem de bom.

Seu melhor companheiro é você. Leve-se pra passear. Procure fazer coisas de que você gosta. Nunca parou pra pensar que você é único? Respeite sua individualidade. Pare de se comparar. Quem compara sempre perde. Aceite-se do jeito que você é. Diga constantemente: "O que o outro pensa de mim só interessa a ele. É bom ser eu. Tudo que faço é perfeito". Faça o seguinte exercício: imagine-se num palco alto e lá embaixo uma multidão, principalmente as pessoas com quem você se sente inferior, e diga com convicção, sentindo no corpo: "Sou superior a todos. Ninguém é mais importante que eu. Eu sou a pessoa mais importante do mundo".

Qual a diferença entre sentimento e sentimentalismo? Tive um namorado que me magoou dizendo que se eu não transasse com ele, ele terminaria comigo, embora eu quisesse. Agora, tenho raiva dele e de mim. Me arrependo de ter terminado com ele. Na época, ele me pediu pra voltar, mas eu não quis. Eu ainda o amo, mas hoje não tenho coragem de pedir pra gente voltar porque ele tem outra namorada. Você acha que eu devo falar com ele? O que faço pra não sentir isso?

Se dói é sentimentalismo, porque o sentimento é bom e agradável. Sentimentalismo é coisa da cabeça, enquanto sentimento é da alma.

No seu caso, essa raiva é porque você não fez o que teve vontade de fazer, seu orgulho ficou ferido e agora dói. Quando você se autorresponsabiliza pela dor, o orgulho diminui e a raiva passa. Libere interiormente essa pessoa. Foi você que atraiu aquela situação. Não sei se você deve ou não falar com ele. Quem decide isso é você. Faça o que tiver vontade de fazer e banque. Sucesso é pra quem tem coragem e ousadia.

Eu fico me punindo quando não consigo as coisas. Por exemplo, não passei num concurso público e fico achando que não consegui porque não sou inteligente. Parece que minha vida está bloqueada em todos os sentidos. Culpo-me muito por ter feito coisas que não devia.

A autopunição é um mal terrível. A vida trata você do jeito que você se trata. Se você se pune, seu espírito vai fazer o mesmo com você em todas as áreas da vida. Ou seja, ele vai bloquear, porque aprendeu isso com você, isto é, ele entende que se punir achando que não é inteligente é bom pra você. Seu espírito só faz o que aprende com você. Diga seguidamente: "Tudo que fiz ou não fiz foi perfeito. Era o que eu sabia. Sou muito inteligente e consigo as coisas com facilidade".

176

Tenho altos e baixos na vida. Quando estou na pior me pergunto se todo esse aprendizado, esse conhecimento vale a pena. Por isso muitas vezes tenho vontade de desistir. Sinto-me um fracasso.

Quando a gente cai, não quer dizer que não aprendeu nada e que fracassou. Esses altos e baixos fazem parte do aprendizado. O progresso se mede com a rapidez com que você sai daquela situação. Se antes levava um mês pra se refazer, hoje você pode se levantar em questão de segundos, apenas tomando uma atitude interior. Pode ver que hoje você lida muito melhor com essas situações. Isso é progresso.

177

Como faço pra perder esses medos que sinto? Tenho medo de adquirir doenças, tenho medo da morte de familiar, tenho medo de assaltos, além de outros. Como faço pra mudar minha realidade que não anda lá essas coisas? Eu faço afirmações, mas parece que não tem resultados práticos.

Cada um cultiva suas crenças interiores, e são essas crenças que definem sua realidade. Ninguém sabe totalmente o que cultiva no seu interior. Dizer é uma coisa, sentir, praticar, confiar é outra.

Os medos são resultados dessas crenças e atitudes. Medo é crer no mal. Nós aprendemos a ter medo com nossos pais, o que quer dizer que podemos desaprender. Os medos não garantem que nós não vamos sofrer, mas sim a coragem. O medo tranca nossa vida, a coragem abre nossos caminhos. Seu espírito garante tudo quando você confia nele. A malandragem do medo é que, ao cultivá-lo, você pensa que está se defendendo de algo perigoso, mas não está se defendendo coisa nenhuma. Ao contrário, quando o medo é muito constante acaba por atrair a situação que você entende que é perigosa.

Nasci com um defeito físico na mão direita e isso tem me atrapalhado bastante a vida. Acho que não consigo emprego decente devido a isso. Acho que nunca vou conseguir ter uma vida boa e não aceito isso. Não entendo por que certas pessoas com o corpo perfeito não se aceitam. Gostaria de ter uma opinião a respeito.

Não é verdade. É coisa da sua cabeça. Há inúmeras pessoas com sérias restrições físicas que estão muito bem com elas e se dão maravilhosamente na vida. Como você disse, há pessoas que são perfeitas fisicamente e não se aceitam. Também é coisa da cabeça delas e isso é muito frequente. Não é a aparência física que conta, mas a cabeça da pessoa.

O que atrapalha sua vida não é isso que você chama de "defeito físico", mas o fato de você não se aceitar, de se pôr como vítima, de se revoltar. A não aceitação de si bloqueia todos os seus caminhos, porque seu espírito, que faz o que você acredita, entende que, ao se rejeitar, você está dizendo "não" pra si, então é "não" em todas as áreas de sua vida. Diga com convicção: "Eu me aceito como sou. Meu corpo é perfeito como é. Não existe defeito no plano divino. Nada atrapalha minha vida".

Não consigo aceitar o corpo que tenho. Minha autoestima geralmente está baixa. Já tive até depressão por isso. Queria que você me passasse algum exercício de autoaceitação.

Você tem outro corpo? Então, não adianta brigar com ele. Quanto mais você brigar, se revoltar, mais a vida colocará você pra baixo. E quanto mais você o prezar, mas a vida lhe trará alegria de viver e prosperidade. Se você se rejeita, a vida a priva daquilo que você mais quer, pois a vida a trata do jeito que você se trata. Não é o aspecto físico que conta, mas a energia que do corpo emana, e quem não se aceita, em vez de a energia ser nutritiva vai ser tóxica. Quem tem energia nutritiva atrai tudo que é de bom na vida.

Diga com convicção: "Eu me aceito como sou. Meu corpo é perfeito como é. Não existe defeito no plano divino. Nada atrapalha minha vida".

É possível a gente conseguir perder os medos?

Há dois tipos de medo: o positivo e o negativo. O medo positivo é o medo real, que é benéfico e necessário, que serve como precaução, alerta. Por exemplo: medo de andar na beira de um precipício, medo do fogo. O medo negativo é o medo ilusório, fantasioso, que faz mal. Nada aconteceu ainda e a pessoa fica com medo. Por exemplo: medo da morte de alguém, medo do futuro, medo de falar em público, medo de voar de avião. Os medos positivos não são curáveis porque são coisas do espírito e muito úteis, mas os medos negativos podem e devem ser curados.

Sou muito preocupada com tudo. No momento ando preocupada com a saúde de meu marido e com meus filhos quando saem à noite. Você diz pra gente não ter preocupações. O cuidado que a gente tem com os filhos, por exemplo, no fundo não é uma preocupação?

Ter cuidado e se preocupar são duas coisas completamente diferentes. Ter cuidado, ter precaução, é você se basear em fatos reais. Por exemplo, se eu não sei nadar direito, não vou me jogar no mar. Se eu sei que uma rua é perigosa à noite, evito passar por lá. É uma precaução que está baseada num medo real, enquanto se preocupar é basear-se numa hipótese, num medo fantasioso. Nada aconteceu ainda e você já está sofrendo. Por exemplo: se preocupar com o futuro dos filhos, se preocupar com a morte. Vai ficar preocupada com a saúde de seu marido pra quê? Faça o que estiver ao seu alcance e relaxe. Essa preocupação só prejudica você e manda energia ruim pra ele, ou seja, prejudica os dois. Se os filhos saem à noite, eles sabem dos riscos que vão correr. Não são os pais que vão evitar. Eles têm um espírito que sabe das coisas. Se ninguém sair de casa por causa da violência, aí sim o mundo vai ficar mais violento. Largue os filhos com eles e com o espírito deles, que sabem as experiências que cada um precisa passar.

Sinto-me culpada por não ter ajudado uma pessoa que tanto precisou numa hora decisiva de sua vida. Essa pessoa morreu, mas minha culpa continua, embora tivesse meus motivos na ocasião.

Esse seu sentimento de culpa é puro orgulho e pretensão, achando que deveria ser diferente pra fazer gracinha para os outros. Primeiro, você não podia ajudar, segundo, a pessoa não atraiu sua ajuda. Mesmo que você tivesse condições de ajudar, se não quisesse não precisava. Felicidade é coisa para humildes. Não essa humildade que dizem por aí, do analfabeto, do pobre etc., mas a humildade verdadeira, que é aquela que tem quem segue sua individualidade. Se você não parar de se preocupar com as culpas vai acabar com doenças. Seja mais bondosa com você e pare de se punir. Tudo o que fez foi o que você sabia. Não era pra ser diferente. Diga constantemente: "Tudo que fiz foi perfeito. Tudo que faço é perfeito, de acordo com meu grau de evolução. Não há erros no plano divino".

Como faço pra acabar com minhas culpas?

A culpa vem de nossa pretensão. Quando achamos que devemos ser ideais e não reais, somos pretensiosos. Iniciamos a usar o verbo dever (deveria, devo), que é o verbo do ideal e de todos os que não têm mais o senso de proporção. Impomos o ideal e, quando agimos no real, nos punimos apertando nossa alma para dentro do peito, o que gera culpa. Só a modéstia pode curar você. Modesto é aquele que se aceita como uma pessoa real, assim nunca sofre por culpas.

Jogue fora o verbo dever. Nunca mais use "deveria" e busque ver a sua verdade, aceitando aquilo de que é realmente capaz.

Tenho dificuldade em dizer "não", mesmo sabendo que tenho razão. Nas raras vezes em que disse, me senti bem. Mesmo assim, às vezes me sinto culpada depois. Como a gente sabe se está agindo certo ou não?

É muito simples. O que lhe faz bem é aquilo que o corpo sente que faz bem, e se o corpo se sente bem é porque é o certo pra você. Agora, com essa cabeça repressora, julgadora que você tem, fica difícil mesmo. Você é muito autocrítica. O espírito gosta de quem se valoriza, de quem se preza, de quem se apoia e fala "não" quando necessário. Você tem dificuldade em dizer "não" pra não magoar, não é verdade? Quem diz "sim" aos outros e "não" pra si recebe o mesmo da vida, porque a vida trata a gente como a gente se trata. Se você se desvaloriza, a vida vai tirar valor de você. Ponha-se no melhor. Vista todo dia o seu melhor. Diga constantemente: "Tudo que faço é perfeito. Tudo que fiz foi perfeito. Era o que eu sabia". Ou seja, fique sempre a seu favor que a vida sempre ficará a seu favor.

185

Fui muito maltratada na infância e parece que isso me acompanha a vida toda. Meu primeiro namorado era violento, falava palavrões, meu marido já usou de violência contra mim, meus filhos me respondem sem educação. Me sinto desprezada e ninguém valoriza o que faço. Muitas vezes me vejo como uma peça recusada, abandonada, querendo ser outra pessoa. Até sou bem remunerada no meu emprego, só que, quando me ponho a fazer algo, sempre dá errado. Gostaria de receber um conselho seu.

Enquanto você ficar aí no dramático, culpando outros e sua infância por sua situação, você não vai sair dessa, aliás, vai piorar cada vez mais, pois seu poder está totalmente com os outros. Cada um, com seu espírito, é cem por cento responsável pelo que de bom ou de ruim acontece em sua vida. Seu problema é que você se acha um cocô e não se aceita. Quando a gente se rejeita, não se aceitando como é, tudo de bom é rejeitado, porque a vida nos trata como nós nos tratamos e não como tratamos os outros. O grande segredo do sucesso no amor e nos relacionamentos é darmos a nós mesmos aquilo que queremos que os outros nos deem, como carinho, amor, atenção, apoio, consideração, companhia etc.

Assim o padrão energético fica de qualidade e atrai pessoas de qualidade pra você. O que atrai ou repele as pessoas é o padrão energético. Todo mundo gosta de estar com uma pessoa nutritiva, mas você, por enquanto, com essas crenças e atitudes a seu respeito, está com a energia tóxica. Trate de mudar o quanto antes.

Você disse que a gente não deve se arrepender de nada. Muitos assassinos, ladrões, presidiários e até espíritos que vão para o umbral mudam de vida devido ao arrependimento. Não é isso uma coisa boa?

Só se arrepende quem precisa se arrepender. É o grau de conhecimento da pessoa. Se eles não tivessem culpas nem arrependimentos, não teriam ido pra cadeia ou para o umbral. O arrependimento deles é um sinal de entrega, de humildade. Então, aparece a ajuda. O arrependimento é útil pra quem precisa dele. Se a pessoa já tem a lucidez de que não fez nada errado, de que tudo que ela fez foi perfeito, conforme seu grau de consciência, então nunca terá culpa nem arrependimento e nunca precisará deles. Aliás, a coisa é tão bem-feita que quem já tem esse grau de lucidez não pratica atos tidos como malévolos e não tem a necessidade de se arrepender.

187

Gosto de me exibir, de aparecer, de me mostrar. Isso não é vaidade?

O impulso da presença é uma condição natural do espírito. Tanto é que se mostra muito forte nas crianças. Depois, aprendem umas abobrinhas e acham que não é bom aparecer, por conta da sociedade, da religião, da família, pois é lindo ser humilde. Mas essa humildade é falsa. É a falsa modéstia. Você pode muito bem ser exuberante, aparecer, se exibir e ser humilde. É uma postura interior. O espírito é exuberante. Gosta de aparecer. Não há quem não goste do sucesso. Se você se sente bem se exibindo, tudo bem. O sucesso é uma faculdade natural do espírito.

188

Sou perfeccionista e às vezes entro em atrito com meu marido por causa disso. Eu não tenho razão de querer que as coisas sejam feitas de forma correta? Não estou fazendo o melhor?

Perfeccionismo é uma doença grave. É acreditar em ideal e negar o real como negativo. Nada e ninguém são ideais, pois a natureza varia e cria sem parar coisas e pessoas diferentes. É a ignorância do ser humano que, com suas fantasias absurdas, inventou que existe a pessoa ideal.

Você inventou o jeito certo, o sentimento certo, o normal e o perfeito, enquanto tudo que não seja como idealizou é entendido como errado e por isso censura, pune, agride, deplora, rejeita, persegue e diz às vezes que é em nome de Deus. Isso é um absurdo! Livre-se dessa praga ou nunca será feliz. Será sempre revoltada, insatisfeita, se sentirá errada, menos que os outros, e sua vida não irá para a frente, pois você estará negativando você e tudo o que fizer. Fazer o melhor é seguir sua individualidade e respeitar a dos outros, como a do seu marido. É se bancar, é se pôr em primeiro lugar, é se apoiar, é se considerar, é se amar e não desejar tudo isso dos outros.

Não sinto satisfação nenhuma no que faço. Trabalho porque preciso contribuir em casa. Como devo agir nesse caso?

Não ter satisfação nenhuma no que faz realmente é um problema. Fazer por obrigação é lutar contra si mesmo. Seu espírito quer uma coisa e você faz outra. O resultado só pode ser dolorido. Vá atrás do que você gosta de fazer, que terá o apoio total do seu espírito, e o resultado, sem dúvida, vai ser realizador.

Ando triste, desanimada. Acho que é devido à perda de meu namorado e às coisas que não andam bem no meu trabalho.

Não acho que eu merecia isso. Dizem que a felicidade não existe, mas momentos felizes, e eu concordo. Há seis meses eu não era infeliz.

Você não pode depositar sua felicidade em algo fora de você, seja na situação financeira, num trabalho, seja num relacionamento, num filho, porque todas essas coisas vão e quando vão acabam levando pedaços de sua alma junto. Então, você fica assim triste, desanimada, sem sentido. Você precisa tomar uma atitude com urgência, porque a tendência é piorar: depressão, doenças, hospital e por aí vai. Esse é o fim de quem não cuida de si e põe nos outros a sua razão de viver, de quem se preocupa com os outros, menos consigo. Nada e ninguém são de ninguém. Só a gente é da gente. Volte correndo pra você.

Você diz pra gente se desligar do futuro. Não entendi muito bem. Como ficam os nossos planos, como, por exemplo, fazer uma faculdade?

Quando digo pra se desligar do futuro não quero dizer para não ter planos, projetos. É não se preocupar, ou seja, não se pré-ocupar. É largar, pois o futuro não existe. Como o futuro depende das crenças e atitudes do presente, quanto mais você viver o aqui e agora, quanto melhor for seu presente, melhor será seu futuro.

Quanto mais você se preocupar com o futuro, que ainda é uma ilusão, mais desilusão vai colher e pior ele será. Ou seja, não faça nada com seu futuro. Quanto menos você se preocupar com ele, melhor ele será.

Quero muito engravidar, mas não consigo. Já fiz tratamento, vários tipos de exame e os médicos dizem que não sou estéril e que posso muito bem engravidar. O que você me recomenda?

Querer muito não é o suficiente, aliás, só atrapalha, pois a ansiedade existe só quando temos crenças negativas, ou então você tem medo de algo relacionado a ser mãe, o que faz suas defesas criarem resistências contra engravidar. Vencer o medo se garantindo e crer positivamente é a resposta. Relaxe. Ponha nas mãos do espírito. É por isso que depois de uma adoção muitas mulheres conseguem engravidar.

Por que a gente tem hábitos negativos mesmo depois de ter consciência de que eles são perniciosos?

Porque a mente e suas atitudes não vão desistir tão facilmente de um hábito milenar. Até hoje sempre foram elas que comandaram. Daqui pra frente você vai precisar aos poucos dominar a mente, o mental. É por isso que estamos na matéria. Dominar a mente é dominar a matéria. Quando você controlar melhor a mente, a alma, a essência prevalece. Então, os hábitos serão outros e as consequências também. Vá com calma. Não seja tão exigente com você criando mais um juiz. O processo é assim mesmo com todo mundo. Diga constantemente: "Tudo que faço é perfeito. Eu só faço o que sei".

Por que as pessoas humildes sofrem tanto?

O conceito de humildade que prevalece no entendimento geral está equivocado. Acham que humilde é aquela pessoa pobre, analfabeta, ignorante, coitada, submissa, que se coloca em segundo, terceiro, em último lugar, muitas vezes pra ser considerada, aplaudida, porque isso é lindo perante a sociedade e para as religiões. Não há nada de humildade nisso, mas muita ignorância espiritual e muito orgulho. O humilde verdadeiro não está nem aí pra opinião dos outros, segue sua individualidade, se põe em primeiro lugar, se aceita como é e aceita os outros como são.

A modéstia, a humildade verdadeira é respeitar e aceitar seus limites, mesmo sabendo que tem um potencial infinito consigo que é o espírito. Essa falsa humildade acaba por provocar muito sofrimento, pois as crenças e atitudes são exatamente contrárias à verdadeira humildade que é a do espírito. E tudo que for contra o espírito é contra si. Toda espécie de orgulho é contra si. Uma vez que a vida trata a pessoa como ela se trata, o resultado é sofrimento. Felicidade é coisa pra humilde, mas para o humilde verdadeiro.

Sinto-me muito insegura em tudo. Gostaria de ter mais firmeza, mais segurança.

Segurança é a sensação que temos quando nos orientamos pelo que sentimos na alma. Insegurança é quando nos guiamos pelo que os outros dizem, negando nossa sabedoria interior. A alma é o maior senso de poder e certeza que temos. Ela é a expressão do nosso espírito perfeito. Se caminharmos por ela, nunca sentiremos insegurança.

Quando vejo que minha amiga consegue algo muito bom que eu queria ter, sinto inveja. Tem como deixar de ter inveja?

163

Querer ter o melhor, ter as coisas boas não é inveja. É um sentimento natural e é a vontade do espírito. Agora, se você se incomoda com isso, desejando que os outros não tenham casas maravilhosas, por exemplo, é preciso trabalhar esse ponto fraco. Pra poder não se afetar por esse tipo de sentimento, aplauda. Aplauda o sucesso do outro, porque, se ele chegou lá, você também pode. Seu espírito entende que aquilo é bom pra você e passa a trabalhar no sentido de você ter também.

Olho gordo e inveja pegam?

Quem não tem posse de si está sujeito a toda espécie de energia densa. Não ter posse de si é quando a pessoa se abandona, é muito autocrítica, se desvaloriza dizendo "sim" quando precisa dizer "não", tem uma cabeça aberta a todos os tipos de opiniões dos outros, procura o apoio nos outros, deseja a atenção dos outros. Procure ter mais posse de si. Em quem tem posse de si, não há inveja, mau olhado, encosto que pegue.

Sou uma pessoa muito medrosa. O que faço para acabar com os medos?

Medo é crer no mal. Nós aprendemos a ter medo com nossos pais. Isso quer dizer que podemos desaprender. Os medos não garantem que nós não vamos sofrer, mas a coragem sim. O medo tranca nossas vidas e a coragem abre nossos caminhos. Desapegue-se do medo. O que de pior pode lhe acontecer? O seu mundo será até melhor do que foi na hora que você parar de temer e perceber que diante do pior você é capaz de se ajudar e ficar do seu lado. Seu espírito lhe ajuda quando você divide suas responsabilidades com ele. Você e ele são um e ele sempre pode fazer o que você não pode. Confie nele até a sua mente ficar de cuca fresca. É aí que ele age.

Tenho muito medo da morte. Isso é normal?

O medo da morte vem do instinto de sobrevivência da espécie. É uma coisa natural. Porém, o que é fantasia e o que causa mais sofrimento e medo é o desconhecimento do pós-morte, envolto em mistérios e medos passados pelas religiões e pela sociedade que estão arraigados no subconsciente das pessoas. Tudo na natureza morre e renasce, se transforma. Aceite esse processo. Até com as estrelas é assim.

Se ligue no seu espírito e nas coisas dele que são verdadeiras e imortais. Aconselho você a ler mais sobre a morte, sob um ponto de vista espiritual. Quanto mais você se informar a respeito, menos medo dela vai ter.

Vivo com medo da morte de algum parente. Como faço para não ter tanto medo assim?

Você está temendo algo que ainda não aconteceu, ou seja, você está numa grande ilusão. Isso é neurose e faz muito mal. Você está desinformada a respeito da morte, por isso fica com essas ilusões provocando sofrimento. Cada um vai morrer na hora em que o espírito quiser. Isso é uma realidade. Se você confiar mais no seu espírito e nos espíritos deles, esse medo vai passar. Não podemos depositar nossa felicidade, o sentido da vida, em coisas de fora, como filhos, pessoas, profissão, dinheiro, pois isso foge ao nosso controle, e, quando faltarem, poderão levar pedaços da alma da gente embora. Todo mundo tem alma, por isso a alegria já está em cada um, apesar do mundo lá fora. As coisas de fora são ótimas, mas não vêm completar, e sim somar. Quando se forem, a gente continua completo.

Tenho medo de dirigir e isso me prejudica profissionalmente. O que faço para perder esse medo?

O medo de dirigir nada mais é do que o medo de se ver sozinha no mundo, de suas fantasias negativas, e de que você não conseguirá se virar. O carro representa a independência social, o ir e vir livremente nas nossas atividades sociais. Você aprendeu a fazer fantasias negativas, ou o medo, sobre a sua capacidade de se arranjar sozinha. É tudo fantasia, pois, na realidade, todos nós, quando precisamos, nos arranjamos bem. Como você aprendeu a dramatizar tudo, ou seja, a exagerar tudo, a mente obedeceu. Agora, com paciência, você terá que se reeducar. A mente é uma máquina que aprende o que nós deixamos que aprenda e muda quando queremos mudar. Passe a prestar atenção nela e, quando perceber que ela está aumentando os fatos negativos, interrompa e diga: "Pare de exagerar e vamos cair na real". Ela vai parar e você foca no aqui e agora, isto é, no real do momento. Fazendo isso algumas vezes, a mente vai reaprender e o negativismo vai parar.

Tenho muito medo de engravidar, mesmo tomando todos os cuidados necessários. O que você me aconselharia?

Você já está tomando os cuidados necessários, então, relaxe e goze. Não é assim que dizem? Se você se preocupar ou não, o que tiver que acontecer vai acontecer. Não são os pais que determinam se vão engravidar ou não. É o espírito que quer encarnar ou não.

203
O que posso fazer pra perder o medo de voar de avião?

Pare de querer controlar tudo. Largue, relaxe. Medo de voar de avião é medo de perder o controle. As coisas vão melhor quando você deixa o controle pra lá. Você quer controlar o avião? Então, quando você for tomar um avião, imagine-se sendo o piloto, e que esse piloto já tem mais de cem mil horas de voo e nunca aconteceu nenhum problema. Pra vencer o medo, só confrontando o medo.

204
Quando perdoo as pessoas, sinto que ainda permanece algo ligado em mim. Da mesma forma, quando peço perdão, mesmo que a pessoa diz que me perdoou, sinto que não fico totalmente bem. A gente não deveria se sentir completamente livre e feliz com o perdão?

Cada qual, junto com o espírito, é cem por cento responsável pelas coisas boas ou ruins que atrai para sua vida. Cada um atrai pra si as experiências pelas quais precisa passar para desenvolver suas capacidades, suas virtudes, suas faculdades, no sentido de cada vez mais organizar sua vida e expandir a consciência.

Então, ninguém precisa perdoar ninguém, pois ninguém erra com ninguém, aliás, deveria agradecer. Não há inimigos, malfeitores, mas companheiros de jornada que ajudam a gente a corrigir os pontos fracos. Se ninguém erra com ninguém, ninguém precisa se desculpar nem perdoar ninguém. Quando alguém diz "eu te perdoo", está afirmando que o outro errou com ele. Está fazendo um julgamento. Isso é orgulho. Só o orgulhoso perdoa. E se o outro errar de novo? E se errar dez vezes? Vai passar a vida perdoando? Geralmente, com o perdão vem o recado: "mas não faça mais isso comigo, tá?". Quando você pede perdão, está se considerando inferior, culpado e acreditando que o erro é um mal. Mesmo que o suposto infrator lhe perdoe, não adianta nada, porque seu espírito entende que é devedor, pois errou e fatalmente será cobrado. Além disso, está delegando seu poder ao outro. Quando transcendemos o perdão, na consciência de que o outro não foi responsável pelo que de desagradável nos ocorreu, estamos praticando uma das mais belas virtudes, que é a verdadeira humildade, e tendo os mais nobres sentimentos: o verdadeiro amor e a compaixão. Sublime não é perdoar, mas não precisar perdoar. Outra coisa: muitas pessoas pedem perdão a Deus pelos pecados e erros cometidos, achando que terão o céu após a morte. Isso é pura fantasia. Deus não perdoa nem condena ninguém.

Tudo que a pessoa fizer, não é visto por Ele como um erro, mas como uma experiência válida, um aprendizado, pois foi tudo Ele que criou, e Deus não cria nada inútil. Deus é infinitamente justo, pois deixa para nós a tarefa do julgamento. Quem se culpar, se condenar, terá que pagar. É a crença dele. Quem se absolver estará absolvido. É assim que o espírito entende e vai trazer pra realidade as consequências dessas crenças. Cada um faz sua própria lei.

Me pôr em primeiro lugar, cuidar de mim primeiro, não é egoísmo? O que é egoísmo pra você?

Quando você se coloca em primeiro lugar você não está tirando de ninguém. Cada qual que se coloque onde bem entender. Isso não é egoísmo. É consideração, respeito, amor por si. Egoísmo é tirar de você pra dar aos outros pra ter a consideração deles, o aplauso deles, pois isso é lindo perante a sociedade. Ou seja, você está alimentando seu ego. O que chamam por aí de altruísmo, no fundo, é puro egoísmo, e o que chamam de egoísmo é altruísmo, pois a pessoa se torna nutritiva e ajuda todo mundo por tabela. Egoísmo é você procurar se vingar, por exemplo, pra satisfazer seu ego, isto é, você não ganha nada com aquilo a não ser a satisfação do orgulho ferido.

Uma vez você disse que há muita diferença entre o bonzinho e o bondoso. Quais seriam?

Os conceitos de bondade, amor, generosidade, estão completamente invertidos para o bonzinho. Embora ele tenha uma dose de certeza de que dessa maneira vai se dar bem, nesta vida ou após a morte, por uma compensação divina, vive em constante insegurança. Como ele não se aprova, não se considera, não se ama, não se apoia, não se reconhece, procura tudo isso nos outros através de suas ações. Então, vai praticar o jogo da manipulação, da sedução. O "sim" para os outros é uma constante em sua vida, não se importando se representa um "não" para si. Ele tira dele mesmo para dar aos outros em troca de algo que julga não ter em si. Trata-se de uma pessoa totalmente dependente, de baixa autoestima. O bonzinho prende e controla. Caracteriza-se por cultivar um padrão de energia muito denso, ou seja, é uma pessoa tóxica. Como não tem energia para se nutrir, vai vampirizá-la dos outros. Sua presença logo incomoda os próximos. Se você disser "não" ao bonzinho, provavelmente ele vai virar a cara, emburrar-se e fazer com que você se culpe por negar algo a quem tanto preza. Faz papel de vítima o tempo todo para prender sua atenção.

O bonzinho é um poço de dó, piedade, pena, culpas, orgulho e vaidade, exatamente o contrário do que faz o bondoso, que tem claro para si o que é o verdadeiro amor, a verdadeira ajuda, a verdadeira humildade. O bondoso faz porque gosta de fazer. Não espera nada em troca. Independe da atenção, do apoio, da consideração, do amor dos outros, pois tem seus próprios. O bondoso se sustenta. Dá e muitas vezes nem se lembra de que deu. Trata-se de uma pessoa de energia nutritiva, cujo convívio é agradável, porquanto desejado. O bondoso gosta do aplauso, do apoio, da consideração, do reconhecimento das pessoas, mas não depende deles. Tem sua autoestima sempre alta. Diz "não" e "sim" quando precisa, desde que não tenha que tirar de si. Do ponto de vista invertido e caótico do bonzinho, o bondoso é um egoísta. Do ponto de vista organizado do bondoso, o bonzinho está fazendo o que sabe no momento e não é mais nem menos que ele, apenas diferente. O bondoso é um poço de compaixão.

O que você acha dos vegetarianos? Eles não estão mais em harmonia com a natureza do que os carnívoros?

Então a onça, quando ataca sua presa, não está em harmonia com a natureza? Cada um que coma aquilo que lhe aprouver. Não se esqueça de que, quando você come um pé de alface, também está comendo um ser vivo.

> "O que mais agrada ao espírito e faz as coisas acontecerem é seguir sua individualidade, pois cada um é único, diferente, natural.
> O primeiro passo é aceitar-se do jeito que você é."

SEXUALIDADE

208

Sou homossexual, mas minha família não sabe e eu também me sinto envergonhado em lhes dizer. Não aceito muito isso. Acho que sou assim porque na infância fui abusado por meu irmão mais velho. Na minha vida dá tudo errado, inclusive na parte afetiva. Minha pergunta é: o que faço pra mudar essa situação?

O que atrapalha sua vida é o fato de você não aceitar sua sexualidade, sua individualidade e, além disso, ficar responsabilizando os outros por isso. Tudo o que ocorreu na sua infância foi perfeito, como era pra ser. Não escolhemos nossa sexualidade. Quem escolhe é o espírito. Do ponto de vista espiritual, ninguém abusou de você. Era o que ele e você sabiam fazer naquele momento. Liberte seu irmão e trate a experiência como um aprendizado. Transforme-a num bem, abençoando a experiência e seu irmão, assim o bem prevalece e sua vida melhora, inclusive no campo afetivo. Você não precisa revelar a ninguém, nem à sua família, sua sexualidade, a menos que queira. O importante é a atitude interior de aceitação. Enquanto você não se aceitar totalmente, sua vida vai ficar encrencada, pois a vida o trata do jeito que você se trata. Fique sempre a favor de sua sexualidade, que é única, individual e bela.

Você não acha que a lei deveria ser mais rigorosa com os homofóbicos? Sou gay, mas não tenho coragem de assumir porque temo essa violência e a rejeição da família. Todo dia surgem notícias a respeito de gays sendo espancados.

Por que você não se banca? Você não precisa dizer pra todo mundo que é gay. Isso não interessa. O importante é você com você. O importante é respeitar sua individualidade, sua sexualidade. Pare de culpar os outros por sua situação ou pela situação dos gays. Cada um está onde se põe. Ninguém é vítima. Se a pessoa atrai violência pra si é porque é violenta consigo. Há muitos gays livres e felizes, porque eles têm coragem de seguir sua individualidade, de se bancarem, independentemente da opinião ou das atitudes dos outros. Enquanto você ficar com essa mesquinhez de que "os outros me... os outros me..." vai ficar dependente da violência deles. Amadureça e deixe de ser infantil. Esse papo de vítima já era. As pessoas inteligentes estão entrando noutra e se dando muito bem. Eles têm consciência de que cada um é responsável pelo que de bom ou de ruim atrai pra sua vida. Não adianta fazer leis mais rigorosas, pois se esses gays continuarem sendo violentos consigo, ou seja, se desvalorizando, se criticando, como você, se achando o cocô do cavalo do bandido, vão continuar atraindo violência para si.

Ouvi dizer na televisão que existem seis tipos de sexo. O que você tem a dizer sobre isso? Por que o homossexual já não nasce mulher? Não seria a mesma coisa?

Sexos só há dois: masculino e feminino. Pênis e vagina. Sexualidades há infinitas, porque cada ser humano tem uma sexualidade diferente. Se o corpo é masculino ou feminino, pouco importa. O que importa é a sexualidade e como cada um lida com a sua. Quem escolhe a sexualidade é o espírito, mesmo que o eu consciente da pessoa ache que foi ele que escolheu sua sexualidade antes de reencarnar. Na verdade ele foi induzido a escolher pelo espírito, sempre com o intuito de desenvolver virtudes, habilidades, faculdades e expandir a consciência. Não seria a mesma coisa, como você pergunta, já escolher ser mulher, porque um homo no corpo de homem ou de mulher vai trabalhar muito o preconceito, além disso, muitos gostam e aceitam ser assim. Não é um defeito, mas algo muito natural.

Temos uma filha homossexual e está difícil de a gente, como pais, aceitar isso. Como o espiritismo trata desse assunto? O que podemos fazer por ela?

177

Não sei como o espiritismo trata desse assunto, mas o espiritualismo trata como a coisa mais natural do mundo. O problema não está na sua filha, mas na cabeça preconceituosa de vocês. Vocês não precisam fazer nada por sua filha a não ser deixá-la em paz com sua sexualidade, que é perfeita, bonita, natural e divina. Ela sabe e saberá melhor que vocês como lidar com essa situação. Utilizem suas energias para cuidar de vocês, que assim ajudarão ela também. Vocês esquecem que sua filha tem um espírito divino dentro dela que escolheu sua sexualidade. Querem realmente ajudá-la? Mostrem esta resposta pra ela.

Sou gay, mas não saio do armário e às vezes me cobro por isso. Não tenho coragem de dizer pra minha família. Como lidar com isso?

Não sair do armário não é problema. O problema é você não aceitar sua sexualidade e não praticá-la. Você não precisa dizer nada pra ninguém a respeito de sua sexualidade. Ela só interessa a você.

Sinto que sou gay, mas tenho vergonha de assumir. Tenho uma namorada, a gente se dá muito bem.

Na hora do sexo, embora desempenhe meu papel, sinto que, se fosse com um rapaz, seria muito mais prazeroso. Queria ter um conselho seu.

Quando você se tranca, a vida faz o mesmo com você, pois a vida lhe trata como você se trata. Se você diz não pra si, a vida corresponde, geralmente na área que você mais precisa. Você está muito preocupado com sua imagem perante os outros, com o que os outros vão dizer. Isso faz muito mal e emperra sua vida. Você não precisa sair por aí dizendo que é gay. O importante é que você se aceite do jeito que é e respeite sua individualidade, sua sexualidade. Permita que as pessoas digam ou achem o que bem entenderem. Desvalide: "Ah, isso é bobagem!". Diga constantemente: "O que o outro fala e pensa de mim só interessa a ele". Com esse exercício você desenvolve a neutralidade e, com o tempo, o que o outro falar vai entrar por um ouvido e sair pelo outro.

Eu não preciso de parceiros pra fazer sexo e me sentir bem na vida. Gostaria de saber sua opinião a respeito.

E não precisa mesmo. Você já é plena como é, mas a energia sexual é coisa do bicho de força, a parte do espírito afeita à sensualidade.

Essa energia sexual precisa ser utilizada, circulada, movimentada, direcionada de alguma forma, senão o acúmulo dela pode causar problemas de saúde mental ou física. A maneira de não precisar de parceiros para movimentar a energia sexual, além da masturbação, é através da sublimação do sexo, como fazem os celibatários. Ou seja, a pessoa dirige sua energia sexual para alguma finalidade criativa, como uma arte, por exemplo. O exemplo disso é o grande número de artistas existentes entre padres e freiras.

Sou lésbica e não tenho coragem de assumir para minha família. Gostaria de ter uma palavra sua a respeito.

Assumir a sexualidade não é sair por aí gritando: sou gay, sou lésbica. Assumir é uma atitude interior de aceitação. Você não precisa contar pra ninguém se não quiser. Não há nada de errado com sua sexualidade. A sexualidade é individual, única e bela. É um atributo do espírito. Quem escolhe a sexualidade não é a gente, mas o espírito. Você precisa tampar os ouvidos para o que dizem as pessoas, os padrões sociais. Se você não se sente errada, é isso que importa. Jamais fique contra você e seus sentimentos. Não há ninguém cobrando você a não ser sua mente. Mude a mente abençoando sua sexualidade do jeito que ela é. Afirme constantemente: "Minha sexualidade é única, bela, perfeita e divina".

Por que uma pessoa nasce homossexual?

Qual é a finalidade da heterossexualidade? Qual é a finalidade do casamento? Qual é a finalidade da assexualidade? Qual é a finalidade do celibato? Qual é a finalidade do esporte? Qual é a finalidade da música? Por que você discrimina e diferencia homossexualidade de qualquer outra experiência? Espírito não tem sexo e manifesta a homossexualidade no corpo que achar conveniente, assim como ele manifesta a música no corpo que quiser.

Espírito faz sexo?

Não há espírito, por mais evoluído que seja, que não faça sexo. Continua tudo como aqui e até melhor, porque lá a moral humana e os medos não interferem. Sexo é energia criativa e a criação continua pela eternidade.

Tenho uma família homofóbica. Como posso ser feliz vivendo assim se sou homossexual? Sinto muita tristeza, vergonha, muito cansaço e desânimo.

Não queria ter nascido assim. Percebo que meus irmãos heterossexuais são mais felizes que eu. Muitas vezes, desejaria ter a vida deles.

Seu problema é que você não gosta de si. O problema é que você se critica demais e se acha um inválido. Está muito preocupado com a opinião dos outros. Quem se rejeita é rejeitado em todas as áreas da vida. Cada um está onde se põe; não há vítimas. Como a pessoa pode ser vítima se tem um espírito poderoso dentro de si? Você não acredita em si e em seu espírito. Tristeza, cansaço e desânimo são sintomas de ausência de alma. Com quem está sua alma? O que importa se tem uma família homofóbica? Viva sua vida e pare de querer viver uma vida aprovada pela sociedade ou pela família. Faça o que você tem vontade de fazer e dê uma "banana" para a opinião dos outros.

Meu sonho e de meu parceiro é adotar um filho ou encontrar uma barriga de aluguel. Há muitas críticas e opiniões contrárias a casais gays terem filhos. O que você acha disso do ponto de vista espiritual?

Do ponto de vista espiritual, cada um tem o direito de seguir suas vontades. Se não fosse assim, por que o espírito de uma pessoa colocaria nela aquela vontade?

A vontade é a voz do espírito dizendo "é por aí". Espírito não tem sexo, mas afinidade. Assim como os pais atraem os filhos afins, os filhos atraem os pais afins. Os filhos dos casais gays, de barriga de aluguel ou adotados escolhem os pais gays, porque os espíritos deles querem passar por aquela experiência para desenvolver alguma virtude, faculdade ou habilidade. Parem de dar importância para o que os outros vão dizer ou achar. Quem cuida de suas vidas são vocês e não os outros. Tenham esse filho da forma que acharem mais conveniente e sejam felizes.

Algumas religiões são contra o casamento entre pessoas do mesmo sexo, dizendo ser algo antinatural. O que você acha desse ponto de vista?

Antinatural é não seguir sua individualidade, sua sexualidade. Antinatural é ir contra a natureza. As religiões, por terem sido inventadas pelos homens, são cheias de regras que vão contra a natureza das pessoas, causando-lhes muito mal. As religiões, em geral, são cheias de normas e de pouca espiritualidade, ou seja, não lidam com as coisas do espírito e interferem em áreas que não lhe dizem respeito. O espírito não tem sexo. Cada um é livre para lidar com sua sexualidade da maneira que lhe convier.

MORTE; VIDA APÓS A MORTE; REENCARNAÇÃO

Quando uma pessoa idosa morre, eu não ligo muito. No entanto, fico muito chocada e triste quando alguém diz que uma criança morreu. Por que uma criança morre tão cedo?

Porque o espírito dela quer. O espírito acha que a pessoa deve passar por aquela experiência e que sua experiência na matéria já foi suficiente. Do ponto de vista do espírito, a morte é um acontecimento qualquer. É funcional, não é um drama, já que ele é eterno. Amanhã, ele resolve e reencarna de novo. A pessoa, adulta ou criança, só morre quando e como o espírito dela quer.

A morte já está determinada para a pessoa quando ela nasce?

Nada está determinado. Quem decide a data da morte é o espírito. No momento em que o espírito da pessoa achar que a morte será mais funcional, ela desencarnará.

Minha mãe morreu, e eu sinto muita falta dela. Você poderia me dizer algo para eu não sentir tanto?

Acabou sua muleta. Encare a vida, aceite a realidade e tome atitudes. Não há outra solução. Ficar encostada lamentando-se faz você piorar cada vez mais.

Por que algumas pessoas sofrem antes de morrer e outras não?

A pessoa morre como vive. Se for uma pessoa dramática, vai morrer no drama e chegar ao astral no drama. Se for uma pessoa de cuca fresca, vai morrer tranquila e chegará ao astral tranquila.

Tenho medo da morte. Só de pensar que meu corpo vai apodrecer me dá arrepios. Antigamente, eu não tinha medo, ou melhor, não pensava na morte, mas depois que tive um infarto esse assunto passou a ser uma coisa séria pra mim. Como faço para deixar de pensar tanto nela?

Todo mundo tem medo de morrer, porque isso é uma condição natural de sobrevivência e preservação da espécie. Até os animais têm medo. Agora, ter medo porque tudo acaba ou porque você não sabe o que vai acontecer depois, é fantasioso e prejudicial. A vida não é séria, a não ser para quem a considere assim.

A morte é a mesma coisa. O desconhecimento do pós-morte, envolto em mistérios e medos passados pelas religiões e pela sociedade, é o que traz tanto sofrimento para os envolvidos. Quanto ao corpo, à matéria indo embora, trate de aceitar essa condição, porque é assim em toda a natureza, inclusive com as estrelas. Embora pareça real, a matéria é uma ilusão. Se ligue em seu espírito e às coisas dele, que são verdadeiras e imortais.

Meu filho tinha trinta e cinco anos quando morreu. Já faz mais de dois anos e não consigo me conformar. Você, que trabalha com os espíritos, poderia me ajudar a não sofrer tanto por ele?

Nem eu nem os espíritos podemos fazer nada. Você gosta de alimentar a ilusão do apego e que teremos os outros para sempre. Enquanto fizer isso, a dor não vai passar. A ilusão causa a dor. Se realmente quiser melhorar, terá que ficar do lado da verdade e aceitar a realidade. A vida dos outros só pertence aos outros, e todo convívio é temporário. A vida só faz o que queremos quando fazemos e pensamos como ela quer.

Sei que quando uma pessoa morre é porque chegou a hora dela e que não tenho direito de exigir nada dela.

Mas a perda de meu companheiro, ocorrida na semana passada, está doendo muito. Gostaria de ter sua ajuda.

Isso vai passar. Basta aceitar a realidade como ela é. Chorar faz bem e alivia. É uma defesa natural do corpo. Se lamentar, no entanto, é prejudicial. Seu companheiro ficou encarnado exatamente pelo tempo que o espírito dele achou que fosse preciso. Não podemos depositar nossa felicidade e o sentido da vida em coisas de fora, como filhos, marido, pessoas, profissão, dinheiro, posses, porque isso foge ao nosso controle. E, quando essas coisas faltarem, não podem levar pedaços da alma da gente embora, da alma que é a responsável pela alegria. Todo mundo tem alma, por isso a alegria já está em cada um, independentemente do mundo lá fora. As coisas de fora são ótimas, mas não vêm completar, mas somar. Quando se vão, a gente continua completo. Volte para você, para sua alma, pois a alegria está aí.

Como é o processo de morte? Como fica o espírito? Os familiares se encontram depois da morte?

A morte é simplesmente a saída do espírito do corpo físico, que é algo que já acontece todas as noites quando dormimos.

O espírito continua no corpo astral, que é um corpo igual ao físico. Tudo continua como aqui, só que em outra frequência energética. Só levamos as crenças e as conquistas interiores. O astral, o mundo dos mortos, é muito parecido com aqui. Tudo continua. As pessoas se encontram, ouvem, falam, trabalham, comem, vão ao banheiro, fazem sexo...

Como é o astral? É um lugar bom? Como se sente a pessoa depois que morre?

Depende do lugar do astral. É parecido com aqui. Há inúmeros locais. Uns ruins, outros péssimos, uns bons, outros ótimos. Quando a pessoa morre não muda muito sua realidade, pois ela leva consigo suas crenças e atitudes que a farão vibrar numa frequência parecida com aquela que ela tinha quando estava viva. Se a pessoa tinha uma cabeça boa, vai para um lugar bom. Se a pessoa era perturbada, dramática, vai para um lugar ruim. Se a pessoa estava sofrendo, continuará sofrendo. Porém, lá ela continuará aprendendo e precisará usar sua própria capacidade para sair do sofrimento. Para isso, há muita ajuda. É como aqui. Depende de cada um. Se uma pessoa estava bem, continuará bem. Não conta muito o que a pessoa fez para os outros, mas o que fez para si conta bastante.

230

A gente continua evoluindo depois que morre? Quando alguém morre de uma doença, como ela fica quando chega ao astral?

Continua evoluindo como se estivesse aqui. A morte é apenas um acidente de percurso. A pessoa chega lá com a doença, mas dependerá dela mesma se será curada ou não. Há hospitais, médicos e enfermeiras como aqui. Se ela chegar lá na frequência do umbral, vai continuar a mesma coisa ou até piorar porque não há tratamento. O astral é um mundo muito próximo deste em que vivemos. As mudanças não são drásticas. O astral também tem vários níveis, desde o pior umbral até planos superiores, onde não há mais dores.

231

Qual sua opinião sobre as pessoas que dedicam suas vidas para ajudar os outros? O que acontece com elas após a morte?

A morte não muda nada. O que contam são as crenças, atitudes e os valores que a pessoa cultiva. No astral, as coisas continuam como aqui. Não tem ninguém olhando, contabilizando o que cada um faz. Deus não faz nada a prazo.

Se você ajuda porque gosta, ótimo; a recompensa já está sendo dada, por se sentir bem e realizado. A preocupação e o sacrifício pelo próximo não contam nada. O que conta é o que a gente faz pra gente. Para a vida, não interessa sacrificar alguém para o outro ganhar, pois ela tem para todo mundo. Se a pessoa se sacrificava aqui pelos outros, vai continuar se sacrificando pelos outros ao chegar ao astral, pois suas crenças e atitudes continuarão as mesmas. Enquanto a pessoa não mudar, sua realidade também não mudará, pois, tanto lá como aqui, a qualidade de sua realidade depende de suas crenças e atitudes. Quem era alegre, bem-humorado, festivo, espirituoso aqui, continuará da mesma forma lá.

As pessoas costumam reencarnar na mesma família?

Nem sempre. As pessoas se encontram na reencarnação por afinidade e para que seus espíritos possam desenvolver alguma faculdade, habilidade, virtude no sentido da evolução — principalmente espiritual — e expandir a consciência.

MEDIUNIDADE

233

Fui a um centro espírita e me disseram que sou médium e que preciso desenvolver a mediunidade. Mas eu não queria mexer com isso agora. Fui lá apenas para tomar um passe. Você acha que isso pode atrapalhar minha vida?

Não. O que pode atrapalhar ou melhorar sua vida é a qualidade de suas crenças interiores e suas atitudes. Ninguém precisa desenvolver a mediunidade, a menos que queira. Se não tiver vontade é porque o espírito não quer.

234

Sou médium, mas às vezes fico questionando se vale a pena. Gostaria de ser uma pessoa normal. Por que os médiuns sofrem mais do que os que não são?

Todo mundo tem certo grau de mediunidade, independentemente de religião, raça ou cultura. A mediunidade é um atributo natural do ser humano, e algumas pessoas têm tal atributo mais desenvolvido que outras. Esses indivíduos, por serem mais sensíveis, precisam saber melhor como trabalhar com o mundo energético para não captar energias densas. Ninguém está imune às influências energéticas dos outros, encarnados ou desencarnados.

Mediunidade não é um problema, mas a personalidade de uma pessoa sim. Só se torna um bom médium quem tem sua personalidade disciplinada. O encosto acontece porque a pessoa não tem posse de si e dá muita importância à opinião dos outros. Em quem tem posse de si, sendo médium desenvolvido ou não, não há encosto e energia densa que peguem.

Sou médium. O que faço para não ser obsediado espiritualmente?

Nenhum obsessor consegue nada com quem tem posse de si. Não há inveja, energia negativa, obsessão, mau olhado que peguem em quem tem posse de si. A posse de si é a posse do próprio espírito, que é mais poderoso que qualquer espécie de energia. Os obsessores só aproveitam as brechas que a pessoa dá. Você se critica muito? Vai muito atrás da opinião dos outros? Não tem coragem de dizer "não" quando é necessário? Procura atenção, consideração e apoio nos outros? Todas essas posturas são traços de uma personalidade fraca. A mediunidade não é um problema; é uma bênção. O problema é a personalidade do médium.

236
Como se dá o processo de incorporação?

O termo incorporação não é o mais adequado, porque a entidade não é incorporada pelo médium nem toma o corpo do médium. Ela fica deslocada alguns centímetros acima do corpo, dentro do campo áurico do médium, e passa a controlar seu sistema nervoso. A palavra mais adequada para esse processo seria canalização, o que os americanos chamam de channeling.

> "Não há inveja, energia negativa, obsessão ou mau olhado que peguem em quem tem posse de si."

LIGAÇÕES ENERGÉTICAS; OBSESSÃO

Meu marido morreu já faz três anos. Sonho direto com ele e às vezes sinto sua presença pela casa. Eu não gosto disso. Como faço pra ele me dar sossego?

Ou para você dar sossego a ele? Muitas vezes, os mortos ficam ligados a esse plano por obra dos vivos. São ligações energéticas. Não dá para se esquecer dele, mas é possível se desligar energeticamente de seu marido. O que você ainda quer dele? As pessoas, vivas ou mortas, ligam-se a nós e nos vampirizam quando ficamos lamentando sua morte, rompemos com elas envoltos em culpas e arrependimentos, ou quando desejamos ainda algo delas. Procure fazer exercícios de desligamento. Devolva a ele o que é dele. Geralmente isso acontece quando ainda queremos algo dessas pessoas, como presença, carinho, amor, sexo, atenção etc. Faça para você o que deseja do seu marido.

Em meu serviço, há uma pessoa que me atrapalha demais. Ela teme que eu seja promovida e assuma o lugar dela, então fica fazendo fofoca a meu respeito.

A energia dela é muito ruim e me atinge tanto que fico com dores no corpo, perco a hora e trabalho irritada. Como afastar esse tipo de pessoa de nosso convívio?

Ninguém atrapalha ninguém. São as pessoas que não sabem lidar com a mente. São suas energias que atraem esses tipos de companhias, que, no fundo, são verdadeiros parceiros, pois a intenção da vida ao aproximar as pessoas é alertá-las a serem mais espertas, a pararem de ficar fazendo gracinha para os outros, a terem mais posse de si. Para quem tem posse de si, quem se garante, quem não se abandona, não há energia ruim, não há pessoas que atrapalhem. Esses indivíduos só atraem gente interessante, pois a vida trata as pessoas do jeito que elas se tratam e não como tratam os outros. Para a vida, não há inimigos ou malfeitores, mas parceiros de jornada. Enquanto você culpar os outros por tudo de ruim que acontece em sua vida, continuará sendo dirigida por eles.

Como faço para me desligar da energia dos outros?

Com convicção, devolva aos outros o que é dos outros. Pode dizer com raiva. Não exija amor, carinho, proteção, apoio, admiração de ninguém. Aquilo que você quer dos outros faça para si.

Diga para essas pessoas: "Não quero nada de vocês. Fiquem com seu amor que eu já tenho o meu. Fiquem com sua atenção, que já tenho a minha. Fiquem com seu apoio que eu já tenho o meu". Faça isso com tudo o que você espera dos outros.

Você poderia me passar um exercício para liberar energeticamente uma pessoa?

Faça o seguinte: imagine-se em uma bola azul e a outra pessoa envolta em outra bola azul, e ambas separadas por uma luz verde muito forte. Então, devolva tudo que é dela a ela — amizade, raiva, companhia, projetos, amor, consideração, apego, desejo de vingança etc. — e diga: "Não quero absolutamente nada de você". Depois imagine essa pessoa rindo, lhe dizendo adeus, e a bola dela subindo até desaparecer no céu.

Há uma forma de desintegrar um invasor negativo?

Não adianta desintegrar um invasor negativo — se isso fosse possível —, se você continuar com as mesmas crenças e atitudes, pois o invasor só invade quem é "invadível". É você quem atrai o invasor. Ele aproveita as brechas que você dá.

Isso é próprio de quem não tem posse de si. Não ter posse de si é se abandonar, ser muito autocrítica, se desvalorizar dizendo "sim" quando precisa dizer "não", ter a cabeça aberta a todos os tipos de opiniões dos outros, procurar o apoio nos outros, desejar a atenção dos outros. Procure ter mais posse de si. Não há inveja, obsessor, mal olhado, invasor negativo que peguem em quem tem posse de si.

Eu gostava muito da minha ex-namorada. Depois que terminamos o relacionamento, ando muito irritado e percebo que no campo afetivo nada mais dá certo pra mim. Como faço para esquecê-la?

Você continua ligado energeticamente à sua ex. Quando alguém gosta ou gostou de uma pessoa, não dá para esquecê-la, mas dá pra não ficar ligado energeticamente a ela. Sabemos que estamos ligados energeticamente a alguém quando, ao pensarmos nela, o corpo reage por meio de uma emoção. Se a emoção aparecer, corte. Com o tempo, vai perceber que se desligou. Além disso, faça o exercício de devolver à pessoa o que é dela e faça para si o que deseja dela, como amor, carinho, proteção, apoio, consideração, etc. E, no final, abençoe-a. Abençoar é jogar o bem em algo. O bem libera enquanto o mal segura.

243

Sinto um ódio muito grande de meu ex-marido. Ele nunca se conformou com nossa separação. Muitas vezes me traía e até era violento. Depois de nos separarmos, as coisas não andam muito bem para mim, tanto no campo afetivo como no profissional. Acho que ele fica atrapalhando minha vida. Tem como fazer uma pessoa nos deixar em paz?

Não tem nada a ver com ele. É tudo com você. Cada um é cem por cento responsável pelas coisas que acontecem em suas vidas, sejam boas ou ruins. O que você ainda quer dele? O que a mantém ligada a ele? Não adianta alimentar ódio, porque o ódio mantém a pessoa ligada. Mande luz para ele. Abençoe seu ex. Abençoar é jogar o bem. Enquanto o bem libera, o mal (ódio) segura. Procure um canto tranquilo, relaxe a mente e visualize seu ex-marido indo embora rindo, com tudo o que é dele: amor, segurança, proteção, atenção. Diga: "Não quero nada de você. Vá em paz. Eu sou dona de minha vida".

"Para quem tem posse de si e não se abandona, não há energia ruim, não há pessoas que atrapalhem."

ANIMAIS; ECOLOGIA

Por que os animais sofrem, se não sentem culpas nem remorsos?

Do ponto de vista da espiritualidade, os animais são como os seres humanos. Quando um ser humano sofre um "maltrato", Deus também não intervém. O espírito de cada um atrai as experiências necessárias para desenvolver virtudes, faculdades, habilidades e a expansão da consciência. Os animais também têm espírito, morrem, vão para o astral e reencarnam. Eles também têm certo grau de consciência, só que a expansão da consciência dos animais se dá em outra linhagem, que é diferente da humana e que os humanos não compreendem.

Por que meu cão, que é tão dócil, às vezes fica irritado sem motivo aparente e até pega doença?

Os animais domésticos captam energias das pessoas próximas e sofrem as consequências das crenças e atitudes delas. É como uma criança que sofre a influência energética dos familiares.

Meu gato morreu, e eu era muito apegada a ele. Ele deixou de existir ou está em algum lugar? É errado ficar de luto?

Para a espiritualidade, os animais são como os seres humanos. Os animais também têm espírito, morrem, vão para o astral e reencarnam. Eles também expandem a consciência. Quanto ao luto, acho uma bobagem até com os seres humanos. Faça o que achar melhor, mas, quanto mais você lamentar, desejar o retorno de seu gato, mais ele sofrerá. É como acontece com os seres humanos.

Fico furioso quando vejo alguém maltratar um animal, jogar lixo na rua, poluir um rio. Esse povo não tem a mínima consciência. Será que não percebem que o planeta está morrendo por causa do homem? Será que não percebem que os animais também têm sentimentos?

Ih, pode parar! Se você decidir brigar com a ignorância dos outros, será mais um deles. A Terra está no atual nível de evolução e pronto. Seu problema é que você é muito dramático. O planeta não vai morrer não. Se você puder fazer alguma coisa para ajudá-lo, tudo bem; senão, fique quieto em seu canto, pois assim você ganhará mais. A consciência dos seres humanos aumenta no ritmo que precisa aumentar. Tudo está certo. Faça sua parte e deixe os outros e essa revolta para lá, pois isso só o prejudica e prejudica o planeta, já que sua energia tóxica fica por aí.

A Natureza e o homem são uma coisa só. A Natureza, ou Deus, faz até coisas piores. Por exemplo, um vulcão que mata tudo ao seu redor, até criancinhas indefesas. E um terremoto? Pare de ser dramático e deixe a Natureza e o homem serem como são. Além disso, nada morre; tudo continua no astral e depois volta renovado e melhor. Se o homem mata a cobra é porque a cobra precisa morrer e para o homem, em sua ignorância, ficar mais tranquilo. Não são mortos milhares de bois diariamente para alimentar as pessoas? Tudo tem um propósito, uma razão de ser, que muitas vezes foge ao entendimento humano.

Não posso ver um animal sofrendo que fico com pena dele. Se eu vir um gato ou um cão abandonado na rua, tenho vontade de levá-lo para casa. Meu sonho é ter um canil pra socorrer todos os animais abandonados. O que você acha dessas pessoas que abandonam os animais?

O problema é que você é muito dramática. Do ponto de vista da espiritualidade, tanto faz se é uma pessoa ou um animal. Aqui na terceira dimensão, a dimensão densa, o sofrimento ainda faz parte do aprendizado. Cada animal, desde uma formiga a um elefante, tem um espírito que sabe o que é melhor para ele, para desenvolver sua consciência, pois tudo que existe tem certo grau de consciência.

Tudo é manifestação divina. Está tudo certo, senão Deus não criava a dor. Essa pena que você sente dos animais sofredores os atrapalha ainda mais, porque você joga energia negativa para eles. Você tem a pretensão de querer corrigir Deus. Se o Criador permite que os animais sofram, é porque há um propósito para aquilo, que foge de nosso entendimento. Em vez de pena, troque seu sentimento por compaixão, entendendo que isso será melhor para eles. Isso sim ajuda. Se você tiver condições e vontade de ajudá-los, de evitar seu sofrimento, ótimo. Senão, fique quieta em seu canto e deixe os animais sofrerem em paz.

"Para a espiritualidade, os animais são como os seres humanos. Os animais também têm espírito, morrem, vão para o astral e reencarnam. Eles também expandem a consciência."

DIVERSOS

Doença; aborto; pedofilia; estupro; ladrões; assassinos; pena de morte; suicídio; drogas; alcoolismo; previsões; cartas; tatuagem.

249

O que você acha dessas pessoas más, como os assassinos, que matam ou abusam sexualmente de crianças inocentes, como eu fui abusada por meu vizinho?

Do ponto de vista da espiritualidade, não há pessoas más, mas pessoas que fazem o que é possível fazer dentro de seu grau de consciência. A vida, como é infinitamente sábia, une o "malfeitor" e a "vítima", pois ambos têm algo a aprender com a experiência. Não há vítimas, mas pessoas que se abandonam e entregam o seu poder aos outros, por isso são domináveis. Cada um, junto ao seu espírito, é cem por cento responsável pelo que de bom ou de ruim acontece em sua vida, seja adulto ou criança, porque o espírito não tem idade. Além disso, lembre-se de que a criança já foi adulta no passado e tem crenças atrasadas, que trouxe consigo. Para a vida, a morte não significa nada, pois ela é um processo contínuo, já que todos, em espírito, são eternos. Morrem hoje e nascem amanhã. Tudo é experiência válida. Cada qual atrai para si, a mando do espírito, as experiências de que precisa para expandir a consciência. A vida não cobra nada de ninguém, porque ela entende que tudo é válido, tudo é experiência. Quem cobra é a própria pessoa, em sua ignorância, porque assim aprendeu e, como você, é nisso que acredita.

Ninguém deve nada a ninguém, a não ser que assim acredite. O espírito de quem acredita que deve, por exemplo, entende que quem deve precisa pagar. Dessa forma, o indivíduo vai precisar pagar de alguma forma. Tudo está na mente da pessoa. Quem não tiver culpa de nada, não sofrerá nenhuma retaliação. Está tudo certo. Se as experiências dolorosas não fossem válidas e fossem injustas, a vida, ou o Criador, não permitiria que acontecessem. Aliás, Ele, por meio da Natureza, também mata e destrói a todo o instante, inclusive crianças, como em um terremoto. O homem, seja em que grau de evolução estiver, também pertence à Natureza. Segundo a espiritualidade, ninguém abusou de você. Se algo aconteceu com você, tudo indica que você é "invadível", "abusável". Se algo ocorreu na infância, é porque você já veio com esse tipo de atitude ou crença de outras vidas. Sendo assim, enquanto você não se valorizar, se aceitar, parar de se criticar, parar de fazer gracinha para ter atenção e consideração dos outros, enquanto você se abandonar, não sofrerá apenas o "abuso sexual", mas outros tipos de "abusos" também, até que amadureça e assuma o poder para si. Não espere muito dos outros, mas tudo de você. Aprenda a cada dia suprir suas necessidades por meio de seus próprios esforços, sempre se pondo em primeiro lugar. A vida lhe trata do jeito que você se trata. Aquilo que para você foi um mal, na verdade foi uma lição para que pudesse aprender a não ser invadível.

A vida quer que você amadureça e use sua força. Faça o seguinte: libere essa pessoa e trate a experiência como um aprendizado. Aliás, se você continuar cultivando revolta, a única prejudicada será você. Ademais, seu poder continuará preso no passado. A atitude mais inteligente e que resolve é relevar o fato. Transforme a situação em um bem, pois sempre o bem prevalece. Não digo que vai esquecer o que aconteceu, pois não dá pra esquecer, mas emocional e psicologicamente, que é o que interessa, você vai resolver o problema e sua vida vai melhorar, principalmente nos campos afetivo e sexual.

Estou com uma dúvida que está me atormentando. Estou grávida de um mês, meu namorado não aceita a situação e eu também não gostaria de ter esse filho agora. Ele sugeriu que eu fizesse o aborto. Eu quero ser mãe, mas não agora. Tenho medo de ser castigada e, quando quiser ter um filho, de a vida não permitir que eu me torne mãe. Por favor, você poderia me orientar?

Você é livre para fazer o que achar mais conveniente. Ninguém vai cobrá-la por absolutamente nada, a não ser sua cabeça. No entanto, você precisa ter estrutura para ser livre e se bancar. Se pintar alguma culpa, algum arrependimento, é melhor não fazer, porque o preço será alto.

Não que alguém ou algo, como a vida ou Deus, irá cobrá-la, mas você mesma, porque é nisso que acredita. Seu espírito entende que se você não se culpar, tudo bem, mas se pintar alguma cobrança interior, ele entenderá que quem deve precisa pagar, pois é nisso que você acredita.

251

Sinto muita culpa por ter feito um aborto. Hoje, quando as coisas não dão certo, sempre me vem essa cobrança em minha mente. O que você tem a dizer sobre o aborto?

Em relação ao aborto, é preciso considerar duas situações: o aborto espontâneo e o aborto provocado. No aborto espontâneo, que não foi seu caso, o próprio espírito não quer reencarnar. De alguma forma, tanto a mãe quanto a pessoa que estava no astral, com a intenção de reencarnar, mas é abortada, necessitam da experiência, da lição, para aprenderem algo e expandirem suas consciências. Tudo é válido e tudo conta. No segundo caso, em que a mãe não deseja ter o filho naquele momento, sendo que tomou todas as providências possíveis para não engravidar, significa que ela foi invadida e tem o direito de não querer assumir uma responsabilidade que não é dela. Quando a mãe é muito irresponsável e não se vale de todos os recursos disponíveis hoje para evitar uma gravidez, significa que é uma pessoa muito relapsa consigo, portanto invadível.

O problema não é o aborto em si, mas o fato de a pessoa não se dar o mínimo valor, uma vez que é uma violência que inflige contra seu corpo. O pai também sofre as consequências de sua irresponsabilidade, mas bem menos que a mãe, que carrega o feto em seu corpo. Assim, ela tanto vai sofrer se deixar o bebê nascer ou se abortá-lo, porque a causa não é o aborto em si, mas as crenças e atitudes que ela cultiva em si. Quanto a você, adianta ficar se culpando e se arrependendo? O passado já virou ilusão e não pode ser "presentificado", a não ser que você continue remoendo-o. Ninguém vai cobrá-la pelo que fez, a não ser sua cabeça. Toda vez em que o fato surgir em sua mente, diga com convicção e com carinho para si: "Tudo que fiz foi perfeito. Era o que eu sabia fazer na época. Nada está errado do ponto de vista espiritual".

O que você acha da leitura de cartas como o tarô, do jogo de búzios, do I Ching, das previsões? Por que dizem que aquilo que tememos acaba acontecendo?

É uma técnica de falar com suas crenças e potenciais. Carl Jung estudou profundamente e deixou uma obra sobre o assunto. Porém, é importante conhecer e confiar em quem faz a leitura.

É preciso investigar se a pessoa é verdadeiramente categorizada ou se é uma charlatã. Oráculo é uma prática antiga de lidar com o subconsciente e o inconsciente. O que não existe e não está definido é um futuro distante. O futuro próximo, como daqui a um mês, por exemplo, já está praticamente definido, conforme nossas crenças e atitudes do presente. Daí a premonição, a previsão das cartas etc. O presente molda o futuro próximo. Embora ainda possa ser modificado, é muito difícil que isso aconteça. O que não está definido é o futuro distante, que ainda não sofreu influências das crenças da pessoa ou da humanidade, quando se trata do planeta. Por isso as profecias estão furadas. Quando uma cena marcante passa pela cabeça de uma pessoa, ela fica alimentando aquilo, dando importância àquilo, ou seja, acreditando naquilo. Dessa forma, a tendência é que aquele fato ocorra. O fato não existia, mas, com a insistência da mente, a pessoa acaba criando. Se a pessoa, na infância ou depois, desvalidar, não der importância para aquilo, não ocorrerá nada. A qualquer momento, você pode mudar suas crenças e, consequentemente, seu futuro.

Ouvi você dizer certa vez que o cigarro não faz mal. Por que, então, tanta gente morre de câncer nos pulmões, como comprovam as estatísticas?

As doenças se originam de coisas que fazemos contra nós, como mágoas, medos, raivas, ódios, culpas, arrependimentos.

Há pessoas que contraíram o vírus da aids e não ficaram doentes. Há pessoas, diz a medicina, que têm câncer, porque fumam, mas há pessoas que morrem com cem anos fumando sem contrair câncer. Não é o cigarro que faz mal. O cigarro foi apenas o estopim de algo que iria acontecer fatalmente, assim como a comida e a bebida também podem ser. Se o cigarro fosse a causa do mal, todo mundo que fuma contrairia o mal. Se é a comida que faz mal, afetaria também todos os que comem comida gordurosa em abundância, mas o mundo está cheio de exemplos de pessoas que comem carne todo dia e cujas taxas de colesterol e triglicérides estão normais. Há inúmeros exemplos de pessoas que comem doce todo santo dia e mantêm o nível de glicemia normal e, além disso, são magras.

Fui abusada sexualmente quando tinha onze anos por um tio que já morreu. Até hoje sinto muita raiva e revolta. Hoje tenho vinte e dois anos e, quando tenho relações sexuais com meu namorado, sempre pinta um medo e não consigo me entregar totalmente. Gostaria de ter um aconselhamento seu.

Está faltando a aceitação com desapego. Você pode fazer alguma coisa com o passado? Não.

Então, aceite a situação e pronto. Aceitar com desapego é aceitar sem culpa, arrependimento, mágoa e revolta. Do ponto de vista espiritual, não há vítimas nem agentes, mas pessoas que atraem experiências, a mando do espírito, para que possam desenvolver certas virtudes, faculdades, habilidades, para evoluir, embora a mente muitas vezes não aceite. Se não fosse assim, o espírito, que é infinitamente sábio, já que é nossa ligação com o divino, evitaria essas situações. Não ligue para a mente, que é dramática. Tudo ocorreu da forma que era para ser. Isso não significa que se alguém, no presente, invadir seu espaço, você deva permanecer passiva, porque tudo está certo e o espírito permite. De forma alguma. Tome as providências que estiverem ao seu alcance para evitar que isso aconteça. Estou me referindo a uma situação que já ocorreu. Já virou ilusão. Não é mais real. Segundo a visão espiritual, ninguém abusou de você e não houve erro. Era o que seu tio sabia no grau de lucidez que ele tinha na época. Ele vai precisar resolver isso com o espírito dele, que saberá lidar de forma justa com a situação, de acordo com as crenças dele. Portanto, libere o feitor e trate a experiência como um aprendizado. Transforme-a em um bem que o bem prevalecerá e sua vida melhorará, inclusive no campo afetivo. Como transformar essa experiência em um bem? Abençoando o ato, o feitor e você. O que não pode de jeito nenhum é ficar cultivando essa raiva e essa revolta, porque a única prejudicada será você mesma.

255

Tenho depressão e tomo remédios. O que você acha de tomar medicamentos antidepressivos?

Quando a depressão é muito forte, é necessário o uso de medicamento para restabelecer o emocional. A tecnologia existe para beneficiar, ajudar o ser humano. Em equilíbrio, o indivíduo poderá cuidar melhor das crenças e atitudes, ler e ouvir a respeito e pôr em prática o que aprendeu. Então, a pessoa poderá aos poucos ir deixando a medicação conforme a orientação médica. Os remédios não curam, são apenas paliativos para ajudar. A cura definitiva é eliminar a causa que está dentro do indivíduo por meio de uma terapia. Assim, o tratamento eficaz é aquele que combina o remédio com a terapia.

256

Se cada um atrai pra si tudo que é bom ou ruim, como ficam as doenças genéticas?

Em espírito todo mundo é perfeito. Alguns nascem com sequelas devido a fatos, atitudes, crenças traumatizantes, que não foram trabalhadas totalmente durante a vida e depois no astral. Está tudo certo. Não é castigo, mas autorresponsabilidade.

O espírito de cada ser humano é o responsável por escolher as experiências pelas quais o corpo físico precisa passar, para desenvolver certas virtudes, habilidades, faculdades e para evoluir. Com fé no espírito, tudo é possível. Ninguém está pagando nada a ninguém. Apenas está experienciando. Para o espírito, não existe doença genética. As pessoas da mesma família, que têm os mesmos problemas de saúde, estão na mesma frequência, por isso os espíritos aproveitam as experiências, pois semelhante atrai semelhante. A cura pode ocorrer a qualquer instante; basta que a pessoa mude a causa. A causa está nas crenças negativas que a pessoa cultiva.

Por que pessoas com muitas posses, de família boa e que têm uma vida confortável sofrem tanto? Tive um tio que se suicidou. O que acontece com um suicida após sua morte?

Nem todos sofrem tanto. Isso acontece com quem coloca a matéria acima de tudo. A matéria é importante, mas não mais que o espiritual. Quanto ao seu tio, cada um manda em sua vida e tem o direito de fazer o que quiser dela. Todo mundo morrerá quando o espírito quiser. Há inúmeros exemplos de pessoas que tentaram o suicídio uma, duas, três ou mais vezes e não conseguiram morrer. Tudo está certo, porque, se não fosse assim, Deus não permitiria.

Ninguém vai cobrar nada dessa pessoa. Quem cobra algo é o próprio indivíduo. O grau de sofrimento ou de liberdade que o suicida vai sentir dependerá de suas crenças e atitudes. A maioria das pessoas sofre, porque leva consigo as culpas. Quem se sente culpado está dando uma informação para o espírito: "Tenho que pagar, pois todo culpado precisa pagar", e o espírito obedece essa informação. Se não se culpar e achar que tinha o direito de morrer, o indivíduo vai chegar ao astral numa boa. Outra coisa: todo mundo que morre de doença, no fundo, se suicida, pois as doenças têm suas causas nas coisas que as pessoas fazem contra si, como culpa, mágoas, ódios, revoltas, autocríticas. Toda vez que alguém se critica, se culpa e guarda uma mágoa, a aura perde um pouco de seu tônus. E se a pessoa mantiver essa postura, parte de sua aura será totalmente desfeita, atingindo o corpo físico e causando o que chamamos de doença. Então, deixe os suicidas em paz e procure cuidar de sua saúde espiritual para não ser mais um deles.

Uma vez ouvi você dizer que a doença é uma ilusão, assim como todos os acontecimentos criados. Onde fica a realidade?

Toda matéria e todos os acontecimentos criados são uma ilusão, embora pareçam ser reais.

São ilusões, porque um dia acabam. A doença, seja lá qual for, é uma ilusão, porque um dia acaba e teve origem a partir de uma ilusão, como culpa, ódio, rancor, mágoa, por exemplo. Se não acabar na vida, acaba no astral. A verdade não acaba, como a saúde, a paz, a prosperidade, os bons sentimentos, porque são atributos do espírito, e, portanto, verdadeiros. A realidade que percebemos é uma ilusão, pois foi criada pela mente ilusória das pessoas. Tanto é que um dia acaba ou se transforma.

Por que o espírito encarna? Antes de encarnarem, as pessoas escolhem as experiências pelas quais vão passar?

Quem já tem certo grau de consciência e certa espiritualidade, antes de encarnar, escolhe conscientemente as experiências pelas quais deseja passar para desenvolver virtudes, habilidades, faculdades. Para quem não se enquadra aí, qualquer experiência serve. O espírito precisa da matéria para se manifestar, por isso o mundo material é importante. Por meio das experiências, as habilidades, as faculdades, as virtudes vão se desenvolvendo, podendo, assim, expandir a consciência e construir uma vida cada vez melhor. Isso se chama evolução ou expansão da consciência. No fundo, é o espírito de cada um que escolhe as experiências marcantes. O eu consciente escolhe, porém nas coisas simples, nas quais ele já tem domínio. Tudo que dói é uma ilusão e um dia passará. O que não é ilusão e é eterno?

Os bons sentimentos, como a compaixão, a alegria, a paz, o prazer, a prosperidade, o amor, a saúde etc.

Minha irmã está com câncer, e eu morro de pena dela. Não sei o que faço para ajudá-la a não sofrer tanto. Queria um conselho seu.

É triste, mas não é problema seu. O que está ao seu alcance, você já está fazendo. Então, deixe sua irmã com as experiências dela, experiências pelas quais ela precisa passar dentro do grau de evolução em que está. Você não sabe o que é bom para ela. Só o espírito dela sabe. O que para você é um drama, para o espírito é um belo aprendizado. O melhor que você faz para ajudá-la é abençoá-la, deixar a situação nas mãos do espírito de sua irmã e se desligar dessa energia densa, senão você vai se prejudicar e, por tabela, aumentar o sofrimento dela.

O que você acha dos vícios e das drogas?

Os vícios e as drogas são meios utilizados para burlar a dor e o desconforto. Se confrontarmos nossos problemas, teremos sempre a chance de resolvê-los. Mas, se fugirmos, teremos que criar um vício para tapear a dor que o problema escondido nos traz.

O que faço para meu marido deixar de ser alcoólatra? Embora ele não seja violento, as coisas que ele fala me incomodam demais. Já tivemos discussões acirradas perto dos filhos.

Todo alcoólatra é um poço de orgulho. Então, ele bebe para relaxar, e a vida faz ele passar por humilhações para perder o orgulho. As pessoas próximas do alcoólatra estão trabalhando a autovalorização e as atitudes firmes. Quanto a você, o melhor que faz é tentar ignorar. Procure, da próxima vez, não dar a mínima. Pois, quanto mais você chama a atenção de seu marido, mais ele bebe, porque é uma forma que ele encontrou para chamar a atenção dos outros, já que se abandona o tempo todo. Agora, ninguém é obrigado a conviver com um alcoólatra. Se convive, é porque há alguma vantagem. Você também está trabalhando a autovalorização, senão já o teria abandonado. Foi você que o atraiu para sua companhia, pois cada um é cem por cento responsável pelo que de bom ou de ruim acontece em sua vida. Veja lá como anda sua autoestima, seu autovalor, sua autocrítica.

Tenho a síndrome do pânico. Tem como curar?

Todos sintomas que você apresenta são a expressão do que foi reprimido pela sua censura. Todos somos dotados de um temperamento único, ou seja, nosso modo natural de ser é o que nos diferencia dos outros. Mas as pessoas com sua ignorância querem acreditar que deveriam ser algo idealizado ou inventado, tomado como o certo. Se aceitarmos esses padrões medíocres, vamos recalcar nosso modo de ser e tentar falsamente ser do jeito que os outros querem. Nossos impulsos naturais serão negados, negativados e recalcados por nós. Assim, eles não mais poderão fluir pelo nosso corpo como faziam e passarão a se expressar na mente de forma compulsiva, forte e negativa, produzindo os sintomas que você apresenta. Em uma linguagem mais simples, você prendeu a "franga" ou seu jeito mais exuberante e descolado de ser, quando achou que tinha que ser diferente por causa de alguma exigência que os outros lhe fizeram. Quem você se forçou a ser hoje não é o mesmo que você já foi. Se você se lembrar de como era antes de tudo, verá que tenho razão. Também saberá o que foi que aconteceu para que que você se fechasse e passasse a se negar. A cura só acontecerá quando você voltar a ser como era, ou seja, quando "soltar a franga" e ser autêntica. Afinal de contas, você vale mais que tudo em sua vida. Se a síndrome se manifestar de forma muito intensa, será necessária a ajuda médica.

O que você acha da pena de morte? Você não acha que é a única maneira de acabar com a bandidagem e a ladroagem?

Vou responder essa pergunta considerando os pontos de vista social e espiritual. A sociedade se organiza com suas regras e leis para que a população tenha uma vida da melhor qualidade possível em todos os aspectos. Se um cidadão está disposto a viver nessa sociedade, terá de seguir essas leis, sob pena de ser excluído dela. Se a violência for tal que as leis não conseguem coibi-la, é um direito da sociedade torná-las mais rigorosas. Há um entendimento geral de que só Deus pode matar. Na verdade, podemos também matar quando a situação se tratar de sobrevivência, de defesa pessoal. Há casos de países que instituíram a pena de morte e nas quais os crimes não foram extintos, mas diminuíram sensivelmente, o que foi um ganho para a sociedade. Em muitos países, a falácia do "coitadismo" impera e a impunidade faz com que muitos não sejam responsabilizados pelo que fizeram. Por outro lado, há que se considerar que revidar a violência com violência não seria a solução mais adequada nos casos em que a pessoa foi educada com a violência em casa. A pena de morte consegue amenizar o problema do ponto de vista da sociedade, individualmente.

No entanto, ela não vai resolver o problema, pois o remédio trata de curar o efeito, mas não a causa, que está no interior de cada um. O espírito da pessoa continua lá atormentado, e a morte, para muitos, pode ser um sacrifício até mais brando ante a prisão perpétua. Do ponto de vista espiritual, não há vítimas, não há coitados. Cada um faz o que pode de acordo com seu grau de consciência. Para a espiritualidade, não existe bandido, não existe ladrão. O bandido, em seu grau de consciência, está fazendo o que sabe fazer. A maioria das pessoas não se valoriza, se abandona e acaba atraindo a violência para si, porque elas são violentas consigo mesmas. São as crenças e as atitudes das pessoas que atraem a vida que têm. Cada um é cem por cento responsável pelo que de bom ou de ruim acontece em sua vida, tanto o bandido, como quem sofre a ação dele. No fundo, ele é um companheiro que vem mostrar o que a pessoa está fazendo contra ela. Ele, por sua vez, vai precisar se entender com seu espírito, que saberá, de forma justa, somatizar as consequências de seus atos, considerando as crenças desse indivíduo. Não adianta simplesmente prender o ladrão, se as pessoas são roubáveis. Por isso o povo corrupto elege político corrupto. Enquanto houver pessoas roubáveis, haverá bandidos e ladrões. Você é roubável? Como está sua autovalorização? A vida nos trata como nós nos tratamos. O padrão energético, que é o que atrai as coisas, depende de como você se trata e de suas crenças. Quem se desvaloriza, atrai o que tira valor.

Você se critica muito? Você prefere dizer "sim" para não magoar, para contemporizar? Você se coloca em primeiro lugar ou em último? Você dá muita importância ao que os outros falam de você? Se você costuma se tratar assim, seu padrão energético é de pouco valor.

Você acredita em premonição?

A premonição existe, seja por meio de sonhos ou da vigília. Algumas pessoas possuem esse dom de adentrar o futuro próximo. Premonição é como uma previsão de algo que vai acontecer. O futuro próximo já está praticamente definido conforme nossas crenças e atitudes do presente. O presente molda o futuro próximo. Embora possa ser modificado, é muito difícil que isso aconteça. O que não está definido é um futuro muito distante que ainda não sofreu influências das crenças de um indivíduo ou da humanidade, quando se trata do planeta.

Por que a psicologia é falha e a análise só mascara o problema?

A psicologia falha quando não aborda o aspecto espiritual. Cada um de nós é um espírito passando por uma experiência material.

Por isso o espírito vai atrair para a pessoa a experiência pela qual entende que ela precisa passar para desenvolver alguma virtude, faculdade, habilidade. Não há vítima, mas pessoas irresponsáveis consigo mesmas. A gente só encontra realização no espírito. Se esses aspectos não forem considerados em uma análise, pouco resultado esse processo terá. Por essa razão, as pessoas passam décadas às vezes fazendo psicoterapia e não se resolvem, principalmente aqueles indivíduos que se sentem vítimas ou são tratadas como vítimas de algo que ocorreu no passado.

Como a espiritualidade trata a pedofilia?

O entendimento de que cada um, junto ao espírito, é responsável por tudo de bom ou de ruim que acontece em sua vida, é o primeiro e mais importante passo para compreender como a espiritualidade trata desse tema. A escolha da sexualidade não é da pessoa, mas do espírito, que quer passar por determinadas experiências para desenvolver virtudes, habilidades, faculdades. O pedófilo vai se entender com seu espírito, que saberá muito bem lidar com o assunto, dependendo de suas crenças. Ninguém consegue mudar ninguém. Do ponto de vista da espiritualidade, não há vítimas, não há distinção entre adultos e crianças.

Na verdade, são espíritos com a mesma idade, o mesmo potencial e a mesma autorresponsabilidade que atraem as experiências pelas quais precisam passar. Lembre-se de que uma criança já foi adulta em outras vidas e traz para a vida atual traumas e crenças antigas, que precisam ser trabalhados, muitas vezes atraindo situações semelhantes às vividas anteriormente. Tudo tem um propósito maior, mas às vezes a cabeça não aceita isso devido ao que ela aprendeu sobre o que é certo e errado. Além do mais, não podemos nos esquecer de que, muitas vezes, é a própria criança que procura seduzir o adulto até que algo aconteça. O adulto, por sua vez, encontrando-se na mesma frequência energético-sexual, acaba cedendo. Nesse ponto, concordo com Freud, que afirma que a sexualidade já vem com o bebê.

E como o estupro é visto pela espiritualidade?

Estupro é algo cruel, pois é uma agressão, uma invasão e pode ocorrer com qualquer um, em qualquer idade. Qualquer fato, qualquer acontecimento, não pode ser visto como algo que ocorre por acaso no presente, isto é, como algo que começa e termina naquele momento. É preciso considerar que aquilo é o desfecho de um processo que vem se desenrolando muitas vezes desde outras vidas. Ao tempo que é um desfecho de um processo, é outra etapa do mesmo ou o início de outro.

Tudo é experiência válida, tudo tem sua utilidade, mesmo que às vezes fuja ao nosso entendimento. Se não fosse válido, se não fosse útil, a Vida, em sua infinita sabedoria, não permitiria que acontecesse.

Sou alcoólatra e isso atrapalha demais minha vida e as pessoas de meu convívio. Tento largar o vício, mas parece que há algo que me domina. Que conselho você daria para um alcoólatra?

Primeiramente, não fique se julgando, se machucando, se culpando por ser alcoólatra. Tenha paciência e muito carinho com você. Você é seu melhor e verdadeiro amigo. Essa aceitação e esse reconhecimento já são um bom sinal de humildade. Todo alcoólatra bebe para relaxar, porque tem muito orgulho, não quer se encarar, e por isso procura fugir de si mesmo. Você precisa trabalhar sua humildade. Mas, não a humildade sobre a qual todos falam, a do bonzinho, submisso, pobre. É a humildade verdadeira, que está em encarar a si mesmo, respeitar sua individualidade, se pôr em primeiro lugar, dizer "não" quando necessário, e aceitar-se como é. Quando você tiver essa postura interior, tenho certeza de que não vai precisar beber tanto para relaxar. Se sua dependência do álcool e das drogas for muito forte, precisará, a título de ajuda, de acompanhamento terapêutico e de medicamentos.

Ouvi dizer que a pessoa que morre com tatuagem tem problemas no astral. Isso é verdade?

Quando a pessoa morre, só leva para o astral suas crenças. Se ela acredita em bobagem, vai plasmar bobagem no astral. Por exemplo, se um alcoólatra acha que não há problema nenhum em beber, chegando lá não terá problema nenhum. Se a pessoa acha que fazer uma plástica é contra a natureza e tem aquilo como algo negativo, se ela fizer a plástica, o corpo astral, logo depois da morte, sofrerá as consequências de sua crença. Outra pessoa que faz cinquenta plásticas, acha que isso é normal, se sente bem, e tem a autoestima elevada, vai se dar muito bem quando chegar ao astral. Qual a diferença entre uma tatuagem e uma unha pintada, um piercing, um par de argolas nas orelhas ou um aparelho nos dentes? Não tem ninguém cobrando nada de ninguém por ter feito isso ou aquilo. Quem cobra é a cabeça da própria pessoa. Então, pare com essa besteira de achar que a tatuagem vai trazer reflexos negativos depois da morte. Cada um tem o direito de fazer de seu corpo o que bem entender, desde que não se culpe e se cobre por isso. Quando alguém se cobra, o espírito entende que quem se cobra tem que pagar, pois ninguém paga nada se não for cobrado. Pagar para quem? Para si mesmo.

"Do ponto de vista espiritual, não há vítimas, não há coitados. Cada um faz o que pode de acordo com seu grau de consciência."

ASTRAL

O que é o astral?

É o lugar para onde vão os mortos. É um lugar praticamente igual à Terra, mas que vibra em outra frequência energética. Os cientistas não sabem, mas o astral é um dos universos paralelos de que eles falam. Nosso mundo é uma cópia do mundo astral.

Como é o astral?

O astral é muito diversificado. Há o umbral denso, para onde vão os que morrem muito perturbados. Todos os países e todas as regiões têm seu umbral correspondente, cuja densidade varia de muito densa a menos densa. Há as colônias astrais, que são lugares parecidos com os daqui. Essas colônias também são inúmeras e cada região, país ou cidade têm sua correspondente no astral. As colônias também variam muito. Há as próximas às frequências do umbral, onde a dor ainda faz bastante sentido e as mais distantes, onde a dor já não é tão importante. Há ainda o astral daqueles que já dominam a matéria, dos chamados iluminados, santos, ascensionados etc., cuja evolução não depende mais da dor, a menos que queiram experienciá-la.

O que é corpo astral?

Corpo astral é o corpo que sai do corpo físico de quem morre e é chamado de perispírito ou corpo etéreo. É igualzinho ao corpo físico, que fica apodrecendo aqui na Terra, mas que vibra na frequência do astral. Muitos o chamam equivocadamente de espírito. Espírito é outra coisa; é nossa ligação direta com o divino.

Quando uma pessoa morre doente, ela é curada ao chegar ao astral?

Tanto aqui como no astral, o que conta são as crenças e atitudes da pessoa. Se ela não mudar, sua realidade não muda. No astral é como aqui. Há ajuda e tratamentos. Ela pode melhorar e até achar que sarou, mas a cura definitiva dependerá exclusivamente da pessoa. Só ela consegue desfazer o que fez. Se a pessoa não consegue pela lucidez, ou seja, mudando a crença, que é a causa, o processo de cura ocorre pela exaustão por meio da dor.

O que são os exus?

São pessoas que vivem no astral e que desenvolveram muito o poder das sombras, que é a parte do espírito responsável pela materialização. Não são do bem nem do mal. Eles seguem as forças da natureza. São especialistas em magia. Não tratam o mal como um mal, pois para eles tudo é funcional. Tudo dependerá do que a pessoa pedir, e eles poderão atender ou não a esse pedido.

Qual a função do mentor, do guia espiritual?

O guia não faz nada pra gente. A função do guia é nos orientar como fazer as coisas e como agir. Algumas orientações são passadas durante a vigília, naqueles momentos, por exemplo, quando temos uma ideia boa para solucionar um problema. Mas, geralmente as orientações vêm durante o sono, mesmo que a gente não se lembre delas no dia seguinte. Muitas coisas que você fez foi seguindo a orientação do mentor, mesmo sem saber.

O que é uma alma penada?

É alguém que morreu, mas que não quer ir embora ou não consegue vibrar no astral.

Por essa razão, fica por aqui mesmo, geralmente nos lugares onde frequentava quando era vivo.

O que é o umbral? Quem vai pra lá? Há assistência espiritual lá?

O umbral é a parte mais densa do astral, também chamado astral inferior, purgatório, ou ainda, inferno. Inferno vem da palavra inferior. O umbral se forma a partir do reflexo dos pensamentos e das atitudes negativas das pessoas. Antes de morrerem, essas pessoas já cultivavam esses pensamentos e essas atitudes, como, por exemplo, desejo de vingança, culpas muito grandes, remorsos, mágoas, rancores, ódios muito intensos. Na verdade, antes de morrerem, essas pessoas já estavam vivendo no umbral, pois tinham uma vida muito atormentada. Nunca ouviu a expressão: "A vida dessa pessoa é um verdadeiro inferno?". A densidade desses pensamentos faz as pessoas vibrarem em um ambiente denso, de sofrimentos. Se a pessoa sentir que necessita de ajuda, a ajuda virá. Sempre, sempre existe ajuda, tanto aqui, em nosso mundo, como no umbral. Basta a pessoa mostrar-se interessada.

As cidades ou colônias astrais existem realmente?

Existem. São ambientes do astral médio, menos densos que o umbral, mas onde a dor ainda faz parte do processo evolutivo das pessoas. São lugares muito semelhantes aos da Terra, com casas, construções, jardins, rios etc. Há inúmeras dessas cidades astrais, onde espíritos afins, do mesmo nível de evolução, habitam e se organizam em sociedade. Há nesses locais trabalhos das mais variadas espécies, estudos, artes, de acordo com a finalidade de cada cidade.

O céu que as religiões apresentam existe?

Existe, mas não como as religiões descrevem, com anjos, santos, Nossa Senhora, Jesus na presença de Deus. Deus permeia tudo, inclusive o umbral, pois, como ensinam as próprias religiões, Ele está no céu, na Terra e em toda parte. O céu seria o astral superior, onde vibram os espíritos que já dominam a matéria e que não necessitam mais da dor e do sofrimento em seu processo evolutivo. No universo, nada é constante. Tudo evolui, inclusive nesses ambientes mais sutis.

> "Só é amado quem se ama. Só é valorizado quem se valoriza, pois a vida nos trata do jeito que nós nos tratamos e não como tratamos os outros."

CONHEÇA OS
GRANDES SUCESSOS DE
GASPARETTO
E MUDE
SUA MANEIRA DE
PENSAR.

Revelação da luz e das sombras

LUIZ GASPARETTO E LÚCIO MORIGI

Saiba como alcançar a realização plena, tendo a espiritualidade como essência, e aprenda os valores fundamentais para uma trajetória de conquistas, evolução e expansão da consciência.

LIVROS QUE ENSINAM VOCÊ A VIVER COM OS RECURSOS DE SUA FONTE INTERIOR

Atitude

Afirme e faça acontecer

Conserto para uma alma só

Faça dar certo

Para viver sem sofrer

Prosperidade profissional

Se ligue em você

Coleção Amplitude

Você está onde se põe

Você é seu carro

A vida lhe trata como você se trata

A coragem de se ver

Coleção Metafísica da Saúde

| Sistemas respiratório e digestivo | Sistemas circulatório, urinário e reprodutor | Sistemas endócrino e muscular | Sistema nervoso | Sistemas ósseo e articular |

Coleção Calunga

| Calunga – Um dedinho de prosa | Calunga – Tudo pelo melhor | Calunga – Fique com a luz... | Calunga – Verdades do espírito | Calunga – O melhor da vida | Calunga revela as leis da vida |

Livros infantis

| A vaidade da Lolita | Se ligue em você | Se ligue em você 2 | Se ligue em você 3 |

Saiba +

www.gasparetto.com.br

Romances
Editora Vida & Consciência

Zibia Gasparetto
pelo espírito Lucius

Ela confiou na vida
A verdade de cada um
(nova edição)
A vida sabe o que faz
Entre o amor e a guerra
Esmeralda *(nova edição)*
Espinhos do tempo
Laços eternos
Nada é por acaso
Ninguém é de ninguém
O advogado de Deus
O amanhã a Deus pertence
O amor venceu
O encontro inesperado
O fio do destino *(nova edição)*
O matuto
O morro das ilusões

O poder da escolha
Onde está Teresa?
Pelas portas do coração
Quando a vida escolhe
(nova edição)
Quando chega a hora
Quando é preciso voltar
(nova edição)
Se abrindo pra vida
Sem medo de viver
Só o amor consegue
Somos todos inocentes
Tudo tem seu preço
Tudo valeu a pena
Um amor de verdade
Vencendo o passado

Lúcio Morigi
O cientista de hoje

Mônica de Castro
pelo espírito Leonel

A atriz
Apesar de tudo...
Até que a vida os separe
Com o amor não se brinca
De frente com a verdade
Desejo – Até onde ele pode te levar? *(pelos espíritos Daniela e Leonel)*
De todo o meu ser
Gêmeas
Giselle – A amante do inquisidor *(nova edição)*

Greta *(nova edição)*
Impulsos do coração
Jurema das matas
Lembranças que o vento traz
O preço de ser diferente
Segredos da alma
Sentindo na própria pele
Só por amor
Uma história de ontem
Virando o jogo

Marcelo Cezar
pelo espírito Marco Aurélio

Acorde pra vida! *(crônicas)*
A última chance
A vida sempre vence
Coragem para viver
Ela só queria casar...
Medo de amar
Nada é como parece
Nunca estamos sós
O amor é para os fortes

O preço da paz
O próximo passo
O que importa é o amor
Para sempre comigo
Só Deus sabe
Treze almas
Um sopro de ternura
Você faz o amanhã *(nova edição)*

Ana Cristina Vargas
pelos espíritos Layla e José Antônio

A morte é uma farsa
Em busca de uma nova vida
Em tempos de liberdade
Encontrando a paz
Intensa como o mar
O bispo *(nova edição)*
O quarto crescente *(nova edição)*
Sinfonia da alma

Sérgio Chimatti
pelo espírito Anele

Apesar de parecer... Ele não está só
Ecos do passado
Lado a lado
Os protegidos

Eduardo França

A escolha
A força do perdão
Enfim, a felicidade
Vestindo a verdade

Leonardo Rásica

Celeste – no caminho da verdade
Luzes do passado

Amadeu Ribeiro

A visita da verdade
Juntos na eternidade
O amor não tem limites
O amor nunca diz adeus
Reencontros
Segredos que a vida oculta

Gilvanize Balbino
pelos espíritos Ferdinando e Bernard

O símbolo da vida

Flavio Lopes
A vida em duas cores   Uma outra história de amor

Floriano Serra
A grande mudança
Nunca é tarde
O mistério do reencontro

Rose Elizabeth Mello
Desafiando o destino
Verdadeiros laços

André Ariel Filho
Surpresas da vida
Em um mar de emoções

Evaldo Ribeiro
Eu creio em mim
O amor abre todas as portas

Marcio Fiorillo
Em nome da lei

Lucimara Gallicia
pelo espírito Moacyr

O que faço de mim?   Sem medo do amanhã

Conheça mais sobre espiritualidade e emocione-se com outros sucessos da editora Vida & Consciência

vidaeconsciencia.com.br   /vidaeconsciencia   @vidaconsciencia

© 2015 por Luiz Gasparetto

Editor de conteúdo: Marcelo Cezar
Coordenadora editorial: Tânia Lins
Assistente editorial: Mayara Silvestre Richard
Coordenador de comunicação: Marcio Lipari
Capa e projeto gráfico: Jaqueline Kir
Diagramação: Rafael Rojas
Preparação: Cristina Peres e Janaína Calaça
Revisão: Equipe Vida & Consciência

1ª edição — 4ª impressão
5.000 exemplares — janeiro 2016
Tiragem total: 21.000 exemplares

CIP-Brasil — Catalogação na Publicação
(Sindicato Nacional dos Editores de Livros, RJ)

G232g

Gasparetto, Luiz Antonio
Gasparetto responde: prosperidade, sexualidade e vida após a morte / Luiz Antonio Gasparetto, Lúcio Morigi. - 1. ed. — São Paulo: Vida & Consciência, 2015.
248 p.

ISBN 978-85-7722-429-6

1. Administração de pessoal. 2. Recursos humanos. 3. Serviços de consultoria II. Título.

15-20380   CDD: 658.7
                            CDU: 658.7

Todos os direitos reservados. Nenhuma parte desta edição pode ser utilizada ou reproduzida, por qualquer forma ou meio, seja ele mecânico ou eletrônico, fotocópia, gravação etc., tampouco apropriada ou estocada em sistema de banco de dados, sem a expressa autorização da editora (Lei nº 5.988, de 14/12/1973).

Este livro adota as regras do novo acordo ortográfico (2009).

Vida & Consciência Editora, Gráfica e Distribuidora Ltda.
Rua Agostinho Gomes, 2.312 — São Paulo — SP — Brasil
CEP 04206-001
editora@vidaeconsciencia.com.br
grafica@vidaeconsciencia.com.br
www.vidaeconsciencia.com.br

ESPAÇO DA ESPIRITUALIDADE INDEPENDENTE

Há muita fantasia relacionada a um dos aspectos mais nobres da natureza humana: a espiritualidade.

Assim, em nosso espaço, temos como objetivo reinvestigar os aspectos psicológicos e vivenciais da espiritualidade.

Sabemos que, em base, somos espíritos — que é o mesmo que fonte de vida — e que toda a nossa estrutura depende dessa base. Portanto, é necessário reconhecer, entender e controlar a nossa natureza mais íntima.

Dentro de um ambiente alegre e acolhedor, você terá acesso a cursos, palestras e seminários, que promovem seu bem-estar emocional e espiritual, despertam os verdadeiros valores de seu espírito, ajudando você a tornar-se uma pessoa mais segura, confiante, feliz.

Venha nos conhecer!
Estamos localizados bem perto da estação Alto do Ipiranga do Metrô.

Espaço da Espiritualidade Independente
Rua Salvador Simões, 444 – Ipiranga – São Paulo – SP
CEP: 04276-000 – Tel./Fax: (11) 5063-2150

www.gasparetto.com.br

Rua Agostinho Gomes, 2.312 — SP
55 11 3577-3200

contato@vidaeconsciencia.com.br
www.vidaeconsciencia.com.br